国家示范性高职院校重点建设教材

金融专业群核心课程教材

金融职业形体礼仪

JINRONG ZHIYE XINGTI LIYI

（第二版）

主　编　钱利安　王　华
副主编　朱亚俊　蒋含真

中国金融出版社

责任编辑：张菊香
责任校对：张志文
责任印制：丁淮宾

图书在版编目（CIP）数据

金融职业形体礼仪/钱利安，王华主编 . —2 版 . —北京：中国金融出版社，2019.1

国家示范性高职院校重点建设教材

ISBN 978 - 7 - 5049 - 9954 - 2

Ⅰ.①金… Ⅱ.①钱…②王… Ⅲ.①金融—商业服务—礼仪—高等职业教育—教材 Ⅳ.①F830

中国版本图书馆 CIP 数据核字（2019）第 007780 号

金融职业形体礼仪（第二版）
JINRONG ZHIYE XINGTI LIYI（DI-ER BAN）

出版
发行　**中国金融出版社**

社址　北京市丰台区益泽路 2 号
市场开发部　（010）66024766，63805472，63439533（传真）
网 上 书 店　http://www.chinafph.com
　　　　　　（010）66024766，63372837（传真）
读者服务部　（010）66070833，62568380
邮编　100071
经销　新华书店
印刷　北京市松源印刷有限公司
尺寸　170 毫米 ×228 毫米
印张　13.75
字数　219 千
版次　2009 年 3 月第 1 版　2019 年 1 月第 2 版
印次　2020 年 7 月第 2 次印刷
定价　36.00 元
ISBN 978 - 7 - 5049 - 9954 - 2
如出现印装错误本社负责调换　联系电话（010）63263947
编辑部邮箱：jiaocaiyibu@126.com

前　　言

荀子曰："人无礼则不生，事无礼则不成，国无礼则不宁。"这句话深刻地说明了礼仪的重要意义及巨大作用。讲究礼仪是人类文明、进步和开放的标志。礼仪是人们在生活、工作、学习中人际交往的"润滑剂"，讲究礼仪既体现出一个人的学识、修养和风度，也向人们展示了一个组织的管理水平、服务质量以及对外的公众形象。只有懂得礼仪、讲究礼仪、注重文明、崇尚修养的人，才懂得尊重他人，并能更好地受到他人的尊重与欢迎。

随着我国进入经济新常态及金融业扩大开放，金融机构之间的竞争越来越激烈，同时，随着经济发展，人民对物质、精神等美好生活的需求日益提高。金融业作为服务行业，其服务质量与服务水平越来越受到人们的关注。因此，面对金融业激烈的竞争和人们对金融服务业要求的提高，按照金融职业礼仪向广大客户提供金融服务，是每个金融机构与金融从业人员面临的一个重要职业课题。

金融职业礼仪内容多，涉及面广，而本书主要涉及金融职业礼仪中的一个分支内容——金融职业形体礼仪。本书介绍在金融业务活动中，金融从业人员使用的规范形体姿势、运用的正确肢体语言等形体上的礼仪礼节。金融类高职院校主要培养金融、经济类专门人才，学生在学习专业基础知识、强化专业技能的同时，还需要培养职业服务礼仪。匀称的身材、优美的曲线、潇洒的举止、大方的谈吐、协调的动作、高雅的气质、良好的形体外表能给人留下美好的第一印象。加强对在校学生和在职员工进行职业形体礼仪的培训十分必要和重要，这既有利于提高金融从业人员的内在素质和优质服务意识，也有利于金融业树立良好的社会公众形象。

　　本书以提高现代金融服务质量为宗旨，以发展金融从业人员的综合素质为目标，结合金融业的基本特点，以金融服务中的形体礼仪为重点，努力做到理论与实践相结合，图文并茂，通俗易懂；本书以提高金融从业人员的形体素质为主线，通过介绍具体的形体训练手段和方法，改善和塑造他们的身体形态，培养高雅的气质和风度；本书还收集了部分对健身美体行之有效的内容和练习方法。本书可作为金融类大学生和高职院校在校生锻炼形体的教材，也是金融从业人员开展形体锻炼的参考书。愿本书能帮助读者培育健美的身体和高雅的气质，成为彬彬有礼的现代金融从业者。

　　本教材由钱利安、王华担任主编，朱亚俊、蒋含真担任副主编。本书共分八章，编写分工如下：第一章、第六章、第七章和第八章由钱利安编写，第二章由王华编写，第三章和第四章由蒋含真编写，第五章由朱亚俊编写。全书由钱利安、王华总纂定稿。

　　本教材的编写得到了浙江金融职业学院领导及学院创建全国示范性高职院校建设单位办公室的大力支持，黄喆老师给本书第七章的图片拍摄提供了积极的帮助，同时我们参阅了同行大量的书籍和文献资料，在此一并表示衷心感谢。由于作者水平有限，时间仓促，书中定有不妥之处或错误，敬请专家和广大读者批评指正。

编者
2019 年 1 月

目　　录

第一章

金融职业与形体礼仪

JINRONG ZHIYE YU XINGTI
LIYI

相貌的美高于色泽的美，而秀雅合适的动作的美又高于相貌的美，这是美的精华。

——培根

学习目标

- 了解金融企业的基本特点及金融从业人员的基本素养
- 掌握形体训练的生理及解剖学基本知识
- 懂得形体训练的基本内容及其对塑造人体美的作用

金融业作为一个服务性行业，有其特殊的行业属性。我国改革开放以来，特别是加入世界贸易组织后，金融业对外开放和交流的程度不断加大，金融业既面临着良好的发展机遇，也面临着同行之间日趋激烈的竞争。竞争的实质是人才的竞争，提高金融从业人员的综合素质已成为金融业发展的重要课题。在金融服务面向大众、走进人们生活的今天，人们对金融服务业的要求与期望也日益提高，文明服务、主动服务、高效服务、优质服务已成为金融业的经营方略，金融从业人员的素质已成为金融业自身发展的重要条件和保障。

礼仪是人类交往的"润滑剂"。随着社会的不断发展，物质生活条件的逐步改善，社会文明程度的日益提高，人们对礼仪倍加推崇。一举一动，一言一行，都能反映一个人的礼仪修养与素质。不论是个人还是企业，要想立足社会并取得良好的发展，缺少交往的礼仪规范是不可能的。面对竞争激烈的金融行业，每个员工只有在所有显在或潜在的公众对象面前，严格按照现代礼仪的基本要求，规范好自己的言谈举止，守礼节，讲礼貌，树立良好的形象，获得公众的信任和赞许。这样，金融企业的社会效益和经济效益才会逐步显现出来。

本章主要介绍金融从业人员应具备的综合素质，金融职业形体礼仪的基本内容和训练方式，以及通过形体礼仪的训练对塑造金融从业人员良好形象的作用等内容。

第一节
金融从业人员的基本素养

金融从业人员的素质要求包括德、识、才、学、体、心理六个方面。

1. 德，即指思想、道德、品质。包括一个人的心理素质、伦理道德、政治品德、职业道德等方面，这是对人才最起码、最基本的衡量标准。要以马克思主义为指导思想，坚持以经济建设为中心，坚持四项基本原则，坚持改革开放，坚持毛泽东思想、邓小平理论和"三个代表"重要思想，坚持科学发展观。要有正确的世界观、人生观、价值观，高尚的情操，远大的理想，光明磊落，积极进取，对事业有执著的追求，愿意全心全意为人民服务。热爱本职工作，精益求精，作风正派，廉洁奉公，出以公心，不谋私利。有一个健康的心态，即人的内心世界要保持平稳安定，情绪乐观，充满活力和信心，能够以良好的工作方式来对待外界的各种变化，与人愉快和谐地共事。

2. 识，就是知识、见识。一是书本知识，二是实践知识，是一种综合认识能力。知识越丰富，见识就越高，就越能正确地观察问题，处理问题。没有科学的文化知识，就不能进行创造性的劳动。只有用人类创造的知识财富来丰富自己的头脑，才能把工作处理得更好。愚昧和落后是不能建设社会主义市场经济的。有些人对金融业的工作不了解，只看到营业柜台上的一些事，好像只是记记账本，点点钞票，换换存单，按按电脑，很简单，谁都会干，其实不然。金融工作不仅仅是营业柜台上的一些事，它有着丰富的内容和繁重的任务。就拿营业柜台上的事来说，如果没有相应的知识，不懂得金融政策，没有专业操作技能，不懂得如何接待客户，没有一定的社会交流经验和技巧，就很难胜任。

3. 才，就是才智、才能、才力、才干。即一个人具有的认识世界、改造世界的能力。人的才能是多种多样的，例如理解能力、判断能力、创造能力、开发能力、策划能力、表达能力、交际能力、领导能力、管理能力等。一个人不可能都具备这么多能力，他只能具备其中的某一种或某几种能力，这里所说的"才"是指在通常情况下所具有的综合性才能。例如，一个人能够比较好地担当起自己的工作，能够比较正确地表达自己的见解、意见，能够比较有效地跟人交往、洽商，解决工作中的问题，有一定的分析问题、认识问题、解决问题的能力，能够和同事们和睦相处，较好地完成目标任务等。

4. 学，就是学问和知识的容量。学问有高有低，有深有浅。金融人才如果不是专门搞学术研究的，不一定要求其有高深的理论；而且科学知识浩如烟海，要求一个人成为通晓各方面科学知识的学问家是不可能的，也是不必要的。但是作为一个金融工作者，对于他所处岗位上的工作，从政策、原则、方针，到具体贯彻、操作、执行，应该有透彻的了解，深入的研究，很好的处理，要有高效率，作出好成绩，达到高水平，这就是学问。而且所谓学问，就是要有学、有问，学了才能懂，不懂就要问，这是最表层意义上的学问之道。从这个意义上说，每个人都要有学问。每个人都不是生而知之者，而是学而知之者，所以必须不断地学，不断地问，以增长自己的学问，丰富自己的知识容量。

5. 体，就是体质，身体健康。只有有了健康的身体，才能担当起各种各样的工作。现代金融管理是一种高效能的管理，要求最大程度地提高工作效率和工作质量，没有健康的身体是不能担当起繁重的工作任务的。体的另一层含义是体态、形体，它包括形态仪表、行为举止等内容，是本教材主要研究和介绍的方面。

6. 心理，就是良好的心理素质。它包括情感、意志、气质和能力等方面的内容。对金融从业人员来说，重要的心理素质包括意志心理素质和能力心理素质。意志心理素质是指个人在正确目标的指引下，为达到这一目标顽强奋斗，不为困难所折服，不因微利而放弃原则，不达目的誓不罢休的执著和理性。能力心理素质是指个人直接影响金融活动的效果，使金融工作得以顺利完成的心理素质，它既包括正常人所具有的一般能力和观察力、记忆力、思维力、想象力等智力内容，也包括在工作中表现出来的专业能力，如语言表达能力、活动能力、分析能力和应变能力等。

以上人才个体结构的六个要素中，德是最主要的，识是关键，才是灵魂，学是基础，体是物质基础，良好的心理是保障。只重德，不重才，会误事；而只重才，不重德，则会坏事。良好的心理素质是圆满完成金融工作的重要保障。这六种要素互相联系，互相促进。一个人具备了这六方面的素质，他就可以成为一个有理想、有道德、有文化、有纪律，能为社会主义金融事业作出较大贡献的人才。

第二节
金融职业与形体礼仪训练

金融业作为一个服务性行业，是传递社会文明的重要窗口。金融从业人员在工作岗位上，要想赢得客户，提升行业形象，不仅需要扎实的专业技能和丰富的专业知识，同样也需要规范的形态仪表、行为举止及优质的服务水平，树立金融行业员工在客户中的良好形象。本节主要介绍金融职业形体礼仪的基本内容及训练形式、手段和特点。

一、形体、形体训练与形体礼仪

形体是指人体的外形结构，是人体美的一种艺术表现形式，而艺术是指富有创造性的方式、方法。

　　形体训练是以人体科学为基础的形体动作训练，是以改变练习者形体动作的原始状态、增强可塑性为目的的形体素质的基本训练，是以提高练习者形体的灵活性和艺术表现力为目的的形体技巧训练。它既注重外在美的训练，又注重内在美的情操培养。练习者在旋律优美的乐曲伴奏下，经常性地进行形体艺术训练，可使身心得到全面发展，有利于培养健美的体态和高雅的气质，使形体更富有艺术魅力。

　　形体礼仪是指人们在日常的工作与生活交往中，运用已经被大家公认的标准、规范的身体动作和肢体语言等礼仪形式，以更好地增进人与人之间的信息沟通，基本包括人的体格、体型、姿态及身体动作。在与人交往的过程中，每一个动作，每一种姿态都表达着你向对方传达的一种信息。良好的形体礼仪能给人以感官上美好的"第一印象"，有利于更深入或长期地开展交流与合作。因此，具有健康、阳光、端庄、靓丽的外形不仅是现代社会中每个高素质人才自身发展的需要，更是企业走向成功的一个客观要求。形体礼仪在现代社会越来越被人们所重视，形体训练也成为社会时尚的运动，吸引了一大批高素质白领工作人员的积极参与。

二、形体训练的生理及解剖学依据

　　形体训练是一门体育科学，是一种身体练习的运动。在生理分类中，其肌肉运动特点偏重于等长收缩。形体训练多是静力性活动和控制能力的练习，也是通过肌肉的紧张和收缩，使身体固定于某种姿势上不动。其动作结构特点多为周期性和非周期性练习相结合。周期性练习是指形体训练动作比较简单，按一定顺序多次重复，连贯进行；非周期性练习是指形体训练中有些动作比较复杂，没有显著的连贯性，每个动作可单独完成。要想通过形体训练来增强体质，增进健康，塑造健美的体魄和标准的身体形态，有必要了解人体的生理解剖知识，懂得人体运动系统骨骼和肌肉的构成、功能和特性。

（一）骨骼

　　骨骼是人体肌肉和脏器的支架，它赋予人体一定的外形。人体骨骼包括颅骨、躯干骨、上肢骨、下肢骨。其中躯干骨、上肢骨、下肢骨及其骨联结是决定体型最主要的因素之一，它关系到人体各部位的比例。骨骼发育完好，比例得当，是体型美的基础。美学史上关于人体比例的观点，即以人的头部为尺度来衡量全身，认为标准人体的比例是身高为 7.58 头，下颌到胸下线为1头，再至股骨头为1.5头，从股骨头至脚底为4头。这些比例主要由骨骼的长度决定。

　　骨骼的生长发育与人体激素的活动密切相关，体育运动既能增强体质，增进健康，又能保证激素活动的正常和骨骼的正常发育。骨的生长包括骨的长长和长粗。长骨（主要为四肢骨，大都呈管状，中部为骨干，两端的膨大为骨骺）的长长依靠软骨内的成骨过程（软骨演变成骨）。长骨的两端较粗的部位称为骨骺，在骨的生长发育过程中，骨干与骨骺之间有一层软骨组织，为骺软骨，骺软骨的不断增生和骨化使骨的长度不断增加。长骨的长粗主要依靠膜内成骨过程（胚性结缔组织内演变成骨）。骨髓腔内面的破骨细胞不断地破坏和吸收骨质，使骨髓腔不断扩大，骨外膜内层的造骨细胞又不断地制造骨质使骨增加，骨的横径不断增粗，但管壁的厚度增加并不显著。体育锻炼对人体骨骼的生长发育有重要的促进作用，锻炼可使骨结实强壮，长期不运动，会使骨骼萎缩退化。

　　（二）肌肉

　　人体的肌肉分为骨骼肌、平滑肌和心肌。骨骼肌附在骨骼上，它通过收缩牵引肢关节产生各种运动。决定人体体型的另一要素便是骨骼肌，它分布广泛，约有434块。成年人骨骼肌占体重的40%（女性占35%）左右，是体内最多的一种组织。骨骼肌的活动产生了一般的坐、立、走以及喜、怒、哀、乐等各种表情和各种各样的劳动及运动。骨骼肌的正常发育能体现人的精神面貌。肌肉及其肌力的均匀分布，是预防体型畸形的关键。

　　组成肌肉的基本单位是肌纤维，它是一根根长圆且呈梭状形的细胞。许多肌纤维排列成束，许多肌束聚集在一起构成一块肌肉，每块肌肉的中间部分叫肌腹，两端叫肌腱。每条肌纤维又主要由圆柱状、上面带有横状的肌原纤维组成，每一肌原纤维由若干圆柱形肌节连接构成，它由粗细不同的两种蛋白质微丝构成，粗微丝由肌凝蛋白构成，细微丝以肌纤蛋白为主。

　　肌肉在受到刺激时产生兴奋，当兴奋达到一定的阈值时，肌肉就发生收缩。肌肉收缩的"滑行演说"认为，肌纤维的主动力缩短是由肌原纤维中穿插排列的两端微丝在横桥的推动下彼此相互滑行运动的结果。

　　根据肌肉收缩机能，又将肌肉划分成慢肌和快肌两种。慢肌主要决定肌肉的耐力，快肌主要决定肌肉的爆发力。快肌多的人体型显健壮，慢肌多的人体型较纤细苗条，肌肉线条清晰。体育运动能使人的肌肉结构性能发生变化，产生对新刺激的适应，建立起新的平衡。

三、形体训练的内容

形体艺术训练具有高密度、低强度的特点。从解剖学分析，形体基本素质训练包括力量、柔韧性、协调性、耐力和灵活性等素质的训练。

（一）力量

力量是指人体肌肉收缩时表现出来的一种克服阻力的能力。力量的大小取决于以下几方面：肌肉的生理横断面，支配肌肉收缩的神经中枢的作用程度，肌肉组织的生化积极性，完成动作的技术。在训练中，对肌肉活动的不同形式形成了不同的力量概念：绝对力量、速度力量和耐力力量。绝对力量取决于肌肉最大限度地任意收缩的能力；速度力量取决于肌肉迅速收缩时克服外部阻力的能力；耐力力量取决于人的肌体在做长时间的耐力活动时对抗疲劳的能力。在形体艺术训练中，培养局部力量（如前、侧、后控腿的力量）具有特别的重要意义，但必须合理、适度，其目的是发展腿部肌肉的速度力量和耐力力量。

培养力量的基本手段有极限训练法、重复训练法、动力训练法和静力训练法。极限训练法不适于形体艺术训练，高负荷和中等负荷训练也都不适宜。对形体艺术训练者来说，重复训练法是非常有效的。动力训练法适用于培养速度力量素质，其具体表现是弹跳力。弹跳力是一种综合素质，这种素质的基础就是在保持动作最大幅度的情况下，使肌肉收缩的力与速度结合在形体训练中。弹跳力有着非常重要的意义，如各种大跳动作，它是表明练习者技术水平与素质的一种指标。静力训练法就是使肌肉经受长达56秒钟最大的、重复性紧张。为了有目的地培养人体某块肌肉群，形体艺术训练中广泛采用静力训练法，如各种控制动作和各种平衡姿势的腿部动作。

（二）柔韧性

柔韧性一般称为"软度"，它是指肌肉、韧带的弹性和关节的活动范围及灵活性。柔韧性的好坏在形体艺术训练中起着重要的作用。良好的柔韧性能够增加形体动作的幅度，使动作更加舒展、优美、完善，是高质量完成动作的基本保证。要使形体艺术训练的动作更加完善，需全面发展身体各部位的柔韧性，否则，就无法发挥出动作的优美表现力和塑造力，也无法提高动作的技术。关节的灵活性差往往会使动作受到局限或变得僵硬，因此，在形体艺术训练中提高脊柱的柔韧性（如腰椎、胸椎和颈椎的柔韧性）具有特殊意义。脊柱的柔韧性对掌握波浪、摆动和结环等动作非常重要。

柔韧性有主动柔韧性和被动柔韧性两种。主动柔韧性是练习者不借助外力，只靠自身的肌肉力量独立完成的关节最大可能的灵活性。被动柔韧性是靠同伴、器材或负重等外力的作用所完成的最大幅度的动作。只有同时发展主动和被动两种柔韧性，才能使身体各关节获得适宜的灵活性。但是，发展柔韧素质要与放松练习交替进行，以利于韧带和肌肉的伸展和放松，避免损伤。

（三）协调性

协调性是指练习者身体各部位在时间和空间上相互配合，合理有效地完成动作的能力。它是身体素质中最不好练习，最不容易提高的一项素质，但它是形体艺术训练中必须具备的素质之一。协调性可通过各种舞蹈组合（如爵士舞组合、迪斯科组合等）及健美操和形体动作组合来提高，因为这些练习需要全身大小肌肉都参加运动，许多肌肉是日常生活中和其他运动项目活动不到的。它的动作有对称的，有不对称的，动作变化较多。因此，在安排一些动作的组合练习时应选择那些需要上下肢、躯干、头等多部位相互配合，具有一定复杂性的动作，这样可锻炼大脑支配身体各部位同时参与不同运动的能力。要提高协调性，还应让练习者尽可能多地学习和掌握各种类型的动作。学习的动作越多，神经、肌肉的支配能力就越能得到锻炼和提高。

（四）耐力

耐力就是在尽可能长的时间内，坚持完成某种规定动作的能力。耐力有一般耐力和专项耐力之分。一般耐力是指持续完成某项动作的能力，这项动作往往可使许多肌群参与活动，而且会对心血管系统、呼吸系统和中枢神经系统提出更高的要求。有了一般耐力，就能使练习者顺利完成大负荷的动作。形体的专项耐力是指完成某种非常剧烈但为时不长的动作的能力。有了这种能力，练习者就能够轻松自如、连贯流畅、动作优美和富于表现力地完成无比精彩、复杂和新颖的表演动作。

（五）灵活性

灵活性在身体素质训练中占有特殊的位置，它与其他身体素质的联系最为广泛，是一种最综合的素质。灵活性有一般灵活性和专项灵活性之分。一般灵活性是指一种能正确协调自身动作与合理完成动作的能力。专项灵活性则是一种能根据项目的特点，合理运用该项运动技术的能力。灵活性的基础在于运动技能的灵巧、高度发达的肌肉感和神经系统的可塑性。练习者对自己所做动作的领悟能力越高、越正确，就越能更好地掌握新动作的要领。

身体素质训练的内容较多，但其中力量、柔韧性、协调性和灵活性是形体基本素质训练中最主要的内容，它们的好坏影响身体形态的控制力和表现力的提高。因此，在形体艺术训练中，每个动作都和增强形体专项素质的能力有密切的关系，练习者尤其需要加强基本体质的训练，以利于良好身体形态的形成，从而达到形体艺术训练的目的。

四、形体训练的特点与要求

（一）金融职业形体训练的特点

健康是人的形体美的基础，只有健康的、充满活力的、朝气蓬勃的身体，才能获得形体美、姿态美、动作美和气质美。形体艺术训练具体有以下特点：

1. 以自然性动作为基础的节奏运动。自然性动作是指按照人体自然状态下的运动规律和人体运动的自然法则所进行的运动。形体艺术训练是以人体活动为主要形式的练习。在完成动作时，无论是上肢、下肢和躯干动作都是根据人体运动的自然法则，从胸、腹的中线开始发力，传递到各部位来完成动作的；而且每个动作都有它的起点和终点，以及节奏和用力的分配规律。摆动、波浪和弹性动作是节奏运动的基本动作，也是形体训练的基本形式，肌肉紧张与放松是体现形体动作的节奏性的关键。因此，形体训练的节奏在于内在节奏（呼吸和对音乐的理解）与外在节奏（动作大小、快慢交替、强弱）的有机统一，各种形体动作按照音乐的速度、幅度的对比和变化，形成节奏的完美一致，并充分表现出形体艺术训练以自然性动作为基础的协调的节奏运动这一特点。

2. 全面性和针对性。形体艺术训练内容丰富，动作变化多样，各类动作的编排都是严格地按照人体的解剖部位，有目的地为达到身体匀称、均衡、协调、健美的发展而进行的。合理地选择内容，科学地进行锻炼，能全面增强人体运动系统、内脏系统和神经系统的功能，促进人体的正常发育和身体素质的全面发展。形体艺术训练的针对性强，选择某一单个动作有重点地锻炼身体的某一部位或专门发展某项身体素质进行练习，能进一步提高身体的全面发展水平。

3. 优美性和艺术性。形体艺术训练是在人体解剖学、运动生理学、运动心理学、运动训练学、体育美学、人体艺术造型学等学科的理论指导下进行的。其动作内容符合人体的生理和心理特点，各类动作不仅体现出优美和艺术性，而且充分展现协调、韵律、优美等健美气质。

形体艺术训练是追求人体身、心、美的艺术运动，它不仅能提高练习者的兴趣，而且能发展练习者的想象力和表现力，培养动作的节奏感，促进身心的全面发展，同时还能使练习者在训练中达到忘我的境界。练习者根据不同的音乐节奏和风格，创编出不同风格和形式的形体动作，使形体训练更富有感染力，并得以构成完美的艺术整体。

4. 内容丰富，易于普及。形体艺术训练动作简单易学，练习形式简便，可根据不同的要求，不同的年龄、身体条件和训练水平，选择不同的练习内容和方法，有目的、有针对性地进行练习，以达到增强体质，促进健康美、塑造美的形体的目的，因而深受人们的喜爱，也易于普及推广。

（二）形体训练的基本要求

1. 训练前必须做好准备活动，唤醒神经、肌肉与韧带。

2. 训练时要穿有弹性的紧身服装或宽松的休闲服、体操鞋、舞蹈鞋或健身鞋，并保持整洁。

3. 要从实际出发，从自身情况出发，有计划、有步骤地循序渐进，切忌虎头蛇尾，要持之以恒，较完整地掌握形体训练的有关知识和方法。

4. 在做器械练习时，要有专人指导和帮助，要注意训练的安全。

5. 训练中和训练后要注意补充适当的水，同时要注意饮食营养的合理搭配。

五、形体训练的形式

形体艺术训练内容丰富，形式多样，简单易学。归纳起来，其训练内容分为徒手练习、持轻器械练习和专门器械练习三大部分。

（一）徒手练习

徒手练习是对身体形态进行系统的专门训练，是形体动作的主要练习形式，它包括基本姿态练习、基本动作练习、把杆练习等以及这些动作的组合练习。

1. 基本姿态练习。基本姿态是人体最基本的姿势，能反映一个人的精神面貌和体态美的特征。基本姿态有站、坐、行、卧等动作。所谓"站如松，坐如钟，行如风，卧如弓"，松的挺拔、钟的端庄、风的迅疾、弓的弯曲，是古代对人们日常生活最基本行为举止提出的一个良好要求。可见，姿态与日常生活息息相关早就引起了人们的注意。人在生活中的各种动作姿态主要通过头部、躯干、上肢、下肢四个部位表现出来，优美的姿态会给人以赏心悦目的美感。

2. 基本动作练习。基本动作是形体艺术训练内容的核心部分，它包括手臂基本动作、躯干基本动作、腿部基本动作等。通过各类基本动作练习，掌握基本动作的正确方法，使人体的肌肉得到全面发展，有效地改善关节的灵活性，培养身体动作的协调性、节奏感和表现力以及动作姿势的优美性，增强控制身体平衡的能力，促进体态美的形成。

3. 把杆练习。把杆练习是对身体形态进行专门系统训练的一种方法，也是提高和改善身体形态控制能力的重要内容。通过训练，能增强腰、腿部的力量和柔韧性，逐步形成正确的站姿、坐姿、走姿等，提高身体的灵活性。

（二）持轻器械练习

持轻器械练习是指手持一定器械进行有针对性的练习。它是在徒手动作基础上，根据形体艺术训练所要达到的目的和手持器械的性能特点，有选择地进行的一项练习。此项练习大都是对身体某一部位进行专门训练，例如哑铃和橡皮带练习——它对发展上肢各部位关节的柔韧性、灵活性和完成动作时肌肉的控制能力有较强的作用；球操练习——两手持球有助于增大动作幅度，充分展体，而用两脚和腿持球增加了腿的负荷，同时要求身体上下协调配合，对锻炼腰腹肌群效果较好。因此，持轻器械练习能增强身体各关节的柔韧性、灵活性和控制能力，能培养正确的身体姿势，提高协调性和练习的兴趣。

（三）专门器械练习

专门器械练习是在综合器械上进行全面的身体素质及机能的训练。它是通过器械的重量、形状和性能增加对肌肉的阻力和身体动作的限制，从而使肌肉受到刺激而增强其耐受力，达到消耗脂肪，增强关节的柔韧性、灵活性和控制能力的目的，有利于塑造健美匀称的体型。但这些练习需要在专业教师指导下，按照周密详细的训练方案和训练进度有针对性地进行，方能达到练习要求。

第三节
金融职业形体训练的作用

金融职业形体形象的锻炼是以身体练习为基本手段，匀称和谐地发展人体，塑造体型，培养正确优美的姿态和动作，增强体质，促进人体形态更加健美的一种体育运动。根据金融职业的特点和学校的培养目标，形体形象锻炼的目的是塑造在职员工和学生优美的形体和仪态，并具有鉴赏、表现形体美的能力，培养学生良好的职业素养，为今后工作奠定良好的基础。

一、金融职业形体训练的基本任务

1. 全方位训练，塑造优美形体。在校学生处在青春期阶段，身体尚未完全定型，身体的可塑性还较大，训练要有针对性，不可带有片面性。安排训练内容要注意搭配，腿部训练与臀部训练相结合；矫正骨形与发展肌肉相结合；胸、腰部训练相结合；还要根据身高来进行增减体重的训练，使学生的身体形态结构得到匀称、协调的发展。在职员工长期在工作岗位上，经常保持某一种姿势，易引发职业病，若不注重对自己身体形态的爱护与锻炼，就会逐渐失去健美的体态和健康的活力，而坚持参加形体锻炼就能保持良好的体态和青春的活力。

动作姿态训练要与金融职业服务项目有机结合，严格训练，规范动作，提高从事岗位职业的能力。

2. 掌握金融员工和学生的生理特点，区别对待，合理安排训练量和训练密度。了解金融员工和学生肌体的运动系统构造，是形体训练教学的一个重要环节，这是师生和在职员工需要共同掌握的，应根据不同年龄、性别的生理和心理特点，有计划、有目的地安排训练的量和强度。

3. 掌握形体形象训练的基本知识。通过形体形象训练，使金融员工和学生学会科学塑造形体形象的方法与手段，并能根据自身的情况，制订形体形象训练的基本训练计划，而且养成长期坚持锻炼身体、保持良好体态和仪表形象的良好习惯。

4. 对学生和金融员工进行美育教育。形体形象训练要以实践丰富的内容和独特的形式，培养学生和员工的审美观。通过形体形象的训练教学，不仅可以使员工和学生练就健美的体魄与优美的形体姿态，而且可以使他们懂得什么是美的动作、美的形体、美的仪表、美的心灵，提高学生对美的感受、欣赏、表现和创造的能力。

5. 形体训练要贯穿思想品德教育和职业道德教育。在形体形象训练中要根据课程本身的特点，把思想品德教育和职业道德教育渗透到每个环节中（课堂教学、课外训练、组织比赛），以培养学生和金融员工的良好职业道德。

二、金融职业形体训练的作用

1. 增强体质。经常进行形体形象的锻炼和训练，有益于肌肉、骨骼、关节的匀称与和谐发展，有利于形成正确的体态和健美的形态。经常进行形体形象的锻炼和训练，可以使肌肉纤维变粗而坚韧有力，使其中所含蛋白质及糖元等的储量增加，血管变丰富，血液循环及新陈代谢改变；使骨外层的密质增厚，骨质更加坚固，从而提高骨骼系统抗折断、弯曲、压拉、扭转的能力；可增强关节的韧性，提高关节的弹性和灵活性。经常进行形体形象的锻炼和训练，使身体变得强壮有力，并能改变心脏的功能，促进新陈代谢，从而增强人体抵御疾病的能力。

2. 健美形体姿态。所谓健美就是人体外形的匀称、和谐及比例的协调。通过形体的锻炼和形象的训练，使身体各部位的肌肉得到协调、匀称的发展。通过健美操的练习，可使身体各部位脂肪减少，肌肉的协调性、灵活性得到增强。同时还能弥补身体缺陷，使身体协调发展，塑造自己理想的体型及形象。长期坚持形体形象的锻炼能使学生形成正确的身体姿势及良好的身体形态，体态矫健，使畸形、不良和不正确的姿态得到纠正。

3. 促进心理品质的良好发展。形体形象的锻炼与训练，不仅需要师生之间、同学之间的相互配合与合作，还需要每个人有持之以恒的毅力及吃苦耐劳的优秀心理品质，并要根据自己的个体状况，有针对性地开展锻炼与课外训练，需要有创造性，这对培养金融员工的职业道德和学生今后在职业岗位上的开拓能力与创造能力有着重要的引导作用。

4. 增强对生活、工作的自信心，增进相互的交流和默契。形体训练能更好地帮助金融员工和学生增强信心。形体练习中反复认真的动作能给员工和学生带来莫大的鼓舞，会让他们在心中树起一块自信的丰碑。自由组合的分组练习，金融员工或学生相互在轻松的环境里用心、用肢体语言、用美的艺术造型去交流，去体验快乐形体课。当音乐响起时，金融员工或学生充满自信地随着美好的乐曲舞动着矫健的身体，不由得自己就觉得自己越来越有青春的活力，工作的疲劳也会随之消失，生活的品质也随之提高。

5. 培养高雅的气质。形体训练不仅会对女性形体有很大的改善，而且对男性的气质、风度也会有较明显的提高。形体训练本身包含着人的精神、气质、风度。金融员工和学生在学习和锻炼中，把住精、气、神，就会逐渐形成一种高雅的气质和风度，同时还可陶冶情操，美化心灵，这对培养正确的审美观念及提高对美的鉴赏能力具有重要作用。

思 考 题

1. 现代金融从业人员应具备哪些综合素质？
2. 形体训练的基本内容和基本要求有哪些？
3. 形体训练对自身的作用有哪些？

本章主要参考文献

［1］王幸福、罗迪：《银行礼仪》，北京，中国金融出版社，1999。

［2］张自平：《公关礼仪与形体训练》，北京，人民交通出版社，2004。

［3］单亚萍：《形体艺术训练》，杭州，浙江大学出版社，2004。

［4］洪涛：《空乘人员形体及体能训练》，北京，旅游教育出版社，2007。

第二章

金融行业员工基本形体礼仪

JINRONG HANGYE YUANGONG
JIBEN XINGTI LIYI

俗话说："站如松，坐如钟，行如风，卧如弓"，松的挺拔、钟的端庄、风的迅疾、弓的弯曲，是人们对日常生活中最基本的行为举止提出的一种良好要求。

学习目标

- 掌握正确的站、坐、走的基本姿势
- 懂得正确使用常用手势
- 学会正确的握手礼节及握手方式

自古以来，人们就对高雅的气质和优美的形体孜孜以求。而今，随着现代社会人际交往的日渐频繁，人们对个人的礼仪也倍加关注。从表面看，个人礼仪仅仅涉及个人的穿着打扮、举手投足之类的小节小事，但小节之处显精神，举止言谈见文化。金融行业员工面对不同的工作对象，金融职业礼仪作为金融行业的一种企业文化，不仅涉及员工个人，而且事关全局工作。员工若置个人礼仪规范而不顾，自以为是，我行我素，小到影响个人的自身形象，大到足以影响金融单位乃至国家和民族的整体形象。

　　我们强调金融行业员工个人礼仪，倡导现代文明，旨在提高员工个人礼貌素养，强化员工的文明观念。作为金融行业的主体之一，每一个员工都必须重视礼仪，以学礼为己任，这是立足、立业的根本。

　　形体礼仪作为金融员工的基本礼仪之一，直接关系到金融员工的外表形象，体现出金融服务行业的整体形象，培养良好的形体礼仪规范不仅有利于金融企业的文化建设，也有利于本职工作的开展及金融业自身的发展。金融形体礼仪包括人的基本姿态、身体语言及与客户交往的一些基本身体姿态。

　　形体，泛指人们的身体所呈现出来的各种身体姿态的总称。在现实生活中，人们的身体姿态变化多端，寓意丰富，站、坐、行、卧、蹲、趴，一颦一笑，一举手一投足，任何一种身体姿态都展现着人类所独有的形体魅力，也无比真实地映射了内心深处的自我。

　　语言学的有关研究表明，在人际沟通中，通过体态表达的信息一般要占所传信息总量的65%左右，其信息承载量远远大于有声语言。而且体态语言所传信息往往比有声语言更真实，也更具表现力与感染力。"此时无声胜有声"恰是人们对身体姿态这一体态语言特点的高度概括。

　　依照金融服务的规范化要求，金融行业员工在自己的工作岗位上，务必要高度重视体态语的正确运用。这个问题，又可以分为相互关联的两个不同方面：更为有效地运用自身的体态语与更为准确地理解他人的体态语。

　　要做到更为有效地运用自身的体态语，主要需要注意三个问题：

　　一是应当增强自己正确运用体态语的自觉性。首先，金融行业员工应该善于观察各种具体的体态语及其综合状况；在此基础上，对自己的种种体态语进行认真的自我体验；最后，还应当在实践中自然地运用各种体态语，并检验其实效性。

　　二是应当提高本人的体态语与自己的社会角色以及所处情境的对应性。做到了这一点，才能使自己的体态语为他人所理解，从而也使本人为对方所接纳。

　　三是应当使本人体态语的运用有益于表明自尊与敬人之意。要真正做好这一点，就必须认真克服自己在仪态方面的不良之习，努力使之文明、礼貌、优雅而大方。

　　要更为准确地理解他人的体态语，同样也要求金融行业员工认真注意以下三个问题：

一是要充分认识到，他人的体态语往往与其个人性格、当时特定的情境具有一定的联系，所以，理解他人的体态语时常需要因人而异。孤立地仅从某一体态语去判断他人的本意，有时难免产生误会。

二是要充分认识到，确认他人每一个具体的体态语的本意，通常应从整体上考察其体态语。这主要是因为，在一般情况下，一个人各种体态语的使用大都整体协调，相互呼应，而不太可能孤立地出现。

三是要充分认识到，只有在真正体验到他人内心情感的前提下，才有可能准确地理解其种种体态语。做到了这一点，金融行业员工才可谓善解人意。

一个人仪态的日常表现有多种，但常见于公共场合的不外乎站、坐、走、表情和手势等。不同的仪态传递着不同的信息，良好的仪态会使人与人之间的信息传递产生积极的作用。无论何种仪态，在人际交往和金融工作中，其表现都应尽可能给人以亲切、优雅之感，这是社会审美和金融工作的需要，也是形体礼仪最基本的要求。

第一节
站姿

俗话说："站有站相，坐有坐相"，这是对自然美的一种要求，是高雅的基础。从实际情况来看，由于男女性别方面的差异，因而对基本站姿又有一些不尽相同的要求。男子要求稳健，女子要求优美。现就标准的站姿进行具体介绍。

一、标准站姿

标准的站姿，从正面看，全身笔直，精神饱满，两眼正视（而不是斜视），两肩平齐，两臂自然下垂，两脚跟并拢，两脚尖张开60°，身体重心落于两腿正中；从侧面看，两眼平视，下颌微收，挺胸收腹，腰背挺直，手中指贴裤缝，整个身体庄重挺拔。

　　站姿的要领是：一要平，即头平正、双肩平、两眼平视；二是直，即腰直、腿直，后脑勺、背、臀、脚后跟成一条直线；三是高，即重心上拔，看起来显得高。（图2-1、图2-2）

图　2-1　　　　　　　　图　2-2　　　　　　　　图　2-3

　　当然，男性员工与女性员工通常可以根据各自不同的性别特点，在遵守标准站姿的基础上，各有一些局部的变化。男性员工与女性员工在站姿方面的差异，主要表现在其手位与脚位有时会存在一些不同。

　　男性员工在站立时，要注意表现出男性刚健、潇洒、英武、强壮的风采，要力求给人一种壮美感。具体来讲，在站立时，男性员工可以手中指贴裤缝，也可以将双手相握、叠放于腹前，或者相握于身后；双脚可以稍分开，但不可超过肩宽。（图2-3）

　　女性员工在站立时，则要注意表现出女性轻盈、妩媚、娴静、典雅的韵味，要努力给人以一种静的优美感。具体来讲，在站立时，女性员工可以将双手相握或右手在前、左手在后二手相叠放于腹前；双脚可以呈小八字步或丁字步。（图2-4、图2-5）

　　　　　图　2-4　　　　　　　　　　　　　图　2-5

二、不同场合的站姿

　　在升国旗、奏国歌、接受奖品、接受接见、致悼词等庄严的仪式场合，应采取严格的标准站姿，而且神情要严肃。

　　在发表演说、新闻发言、作报告宣传时，为了减少身体对腿的压力，减轻由于较长时间站立双腿的疲倦，可以用双手支撑在讲台上，两腿轮流放松。

　　主持文艺活动、联欢会时，可以将双腿并拢站立，女士也可站成丁字步，让站立姿势更加优美。站丁字步时，上体前倾，腰背挺直，臀微翘，双腿叠合，玉立于众人间，富于女性魅力。

　　门迎人员往往站的时间很长，双腿可以稍平分站立，双腿分开不宜超过肩。根据性别不同，双手可以交叉或相叠垂放于腹前，或可以背后交叉，右手放到左手的掌心上，但要注意收腹。

　　礼仪活动中的站立，要比门迎更趋于艺术化，一般可采取立正的姿势或丁字步。如双手端执物品时，上手臂应靠近身体两侧，但不必夹紧，下颌微收，面含微笑，给人以优美亲切的感觉。

　　交通工具上的站立，头部以正为佳，最好目视前方，身子要挺直，双腿应尽量伸直，膝部不宜弯曲，双脚之间以适宜为原则张开一定的距离，重心要放在自己的脚后跟与脚趾中间，不到万不得已，叉开的两脚不宜宽于肩部，双手可以轻轻地相握于胸前，或者以一只手扶着扶手、拉着吊环。采用此种站姿在交通工具上站立时，应尽可能地与他人保持一定的身体距离，免得误踩、误撞到人。

三、不良站姿

不良站姿就是在工作岗位上不应当出现的站立姿势，它们要么姿态不雅，要么缺乏敬人之意。金融行业员工若是任其自然，不加以克服，往往会在无意之中使本人形象和组织形象受损。不良站姿大致上有如下八种：

1. 身躯歪斜。员工在站立时，若是身躯出现明显的歪斜，例如头偏、肩斜、身歪、腿曲，或是膝部不直，不但会看上去东倒西歪，直接破坏人体的线条美，而且还会令人觉得该员工颓废消沉、委靡不振、自由放纵。

2. 弯腰驼背。这是一个人身躯歪斜时的一种特殊表现。除去腰部弯曲、背部弓起之外，大都还会同时伴有颈部弯缩、胸部凹陷、腹部挺出、臀部撅起等一些其他的不良体态。凡此种种，显得一个人缺乏锻炼、健康状况不佳、无精打采，往往对个人形象的损害会更大。

3. 趴伏倚靠。在工作岗位上，员工要确保自己"站有站相"，就不能在站立时自由散漫，随便偷懒。在站立之际，随随便便地趴在一个地方，伏在某处左顾右盼，倚着墙壁、货架而立，靠在桌柜边上，或者前趴而后靠，都是不许可的。

4. 双腿大开。不管是采取标准的站姿，还是采取变化的站姿，金融行业员工均应切记：自己双腿在站立时分开的幅度，在一般情况下越小越好。在可能之时，双腿并拢最好。即使是将其分开，通常也要注意不可使二者之间的距离较本人的肩部为宽，而切勿使其过度地"分裂"。注意到了这一点，才有可能使自己的站姿中看。

5. 脚位不当。员工在工作岗位上站立时，在正常的情况下，双脚在站立之时呈现出 V 字式、丁字式、平行式等脚位，通常都是允许的。但是，采用人字式、蹬踏式等脚位，则是不允许的。所谓人字式脚位，指的是站立时两脚脚尖靠在一处，而脚后跟之间却大幅度地分开来。有时，这一脚位也叫内八字。所谓蹬踏式，则是指站立时为图舒服，在一只脚站在地上的同时，将另外一只脚踩在鞋帮上、踏在椅面上、踢在窗台上、跨在桌面上。

6. 手位不当。在站立时，与脚位不当一样，手位如果不当，同样也会破坏站姿的整体效果。不当的手位在站立时主要有：一是将手放在衣服的口袋之中；二是将双手抱在胸前；三是将两手抱在脑后；四是将双肘支于某处；五是将两手托住下巴；六是手持私人物品。

7. 半坐半立。在工作岗位上，服务人员必须严守自己的岗位规范，该站就站，该坐就坐，而绝对不允许在需要自己站立时，为了贪图安逸，而擅自采取半坐半立之姿。

8. 浑身乱动。在站立时，是允许略作体位变动的。不过从总体上讲，站立乃是一种相对静止的体态，因此不宜在站立时频繁地变动体位，甚至浑身上下乱动不止。手臂挥来挥去，身躯扭来扭去，腿脚抖来抖去，都会使一个人的站姿变得十分难看。

第二节
坐姿

坐姿同样有美与丑、优雅与粗俗之分。正确的坐姿能给人一种安详庄重的感觉，因此，要"坐有坐相"，做到端正、舒展、大方。

中国古代人的坐姿是双膝着地，臀部压在脚跟上。现在有些少数民族仍采用这种坐姿，还有一些地方的人采用盘腿而坐的姿势。但由于凳、椅、沙发等的广泛使用，这些坐姿已不多见。

一、标准坐姿

入座时，要轻要稳，从座位的左边入（左边出），只坐椅子的三分之二，不要坐满或只坐一点边儿。女子入座时，若是裙装，应用手将裙子稍微拢一下，坐定后，身体重心垂直向下，上身保持正直，两眼平视，目光柔和，可将右手搭在左手上，轻放于腿面，双膝自然并拢，双腿正放或侧放，双脚并拢或交叠（见图 2-6、图 2-7、图 2-8）。男士可双手掌心向下，自然地放在膝上，也可放在椅子或沙发扶手上，双脚可略为分开（见图2-9）。在同左右客人谈话时，应有所侧重，即上体与腿同时转向一侧。

图 2-6

图 2-7

图 2-8

图 2-9

二、不同场合的坐姿

谈判、会谈时，场合一般比较严肃，适合正襟危坐，但不要过于僵硬。要求上体正直，端坐于椅子中部，注意不要使全身的重量只落于臀部，双手放在桌上、腿上均可，双脚为标准坐姿的摆放。

倾听他人教导、讲话、传授、指点时，对方是长者、尊者、贵客，坐姿除了要端正外，还应坐在坐椅、沙发的前半部或边缘，身体稍向前倾，表现出一种谦虚、迎合，重视对方的态度。

在比较轻松、随便的非正式场合，可以坐得轻松、自然一些，全身肌肉可适当放松，可不时变换坐姿，以作休息。

对金融行业员工而言，不论是工作还是休息，坐姿都是其经常采用的姿势之一。因此，学习与训练坐姿时，金融行业员工必须首先明确两点：一是允许自己采用坐姿时，才可以坐下。二是在坐下之后，尤其是在外人面前坐下时，务必要自觉地采用正确的坐姿。同时，对金融行业员工来说，还应当注意如下五个问题：

1. 入座的要求。入座，又叫就座或落座，它指的是人们坐到座位上去的行动。金融行业员工在入座时的基本要求有八个：

（1）在他人之后入座。出于礼貌，与他人一起入座，或与对方同时入座，而对方又是自己的客户时，一定要先请对方入座，自己切勿抢先入座。

（2）在适当之处就座。在大庭广众之处就座时，一定要坐在椅、凳等常规的位置。坐在桌子上、柜台上、地板上，往往是失礼的。

（3）在合"礼"之处就座。与他人同时就座时，应当注意座位的尊卑，并且主动将上座相让于人，以示礼貌。

（4）从座位左侧就座。假若条件允许，在就座时最好从坐椅的左侧接近它。这样做，是一种礼貌，而且也易于就座。

（5）向周围人致意。在就座时，若附近坐着熟人，应主动跟对方打招呼。若身边的人不认识，也应向其先点点头。在公共场合，要想坐在别人身旁，则还应先征得对方首肯。

（6）毫无声息地就座。就座时，要减慢速度，放松动作，尽量不要坐得坐椅乱响，噪音扰人。

（7）以背部接近坐椅。在他人面前就座，最好背对着自己的坐椅，这样就不至于背对着对方。得体的做法是：先侧身走近坐椅，背对座位，右腿后退一点，以小腿确认一下坐椅的位置，然后随势坐下。必要时，可以一手扶住坐椅的把手。

（8）坐下后调整体位。为使自己坐得舒适，可在坐下之后调整一下体位或整理一下衣服。但是，这一动作不可与就座同时进行。

2. 离座的要求。在离座时，主要的要求有五条：

（1）先有表示。离开坐椅时，身旁如有人在座，须以语言或动作向其先示意，随后方可站起身来。一蹦而起，有时会令人受到惊扰。

（2）注意先后。与他人同时离座，须注意起身的先后次序。地位低于对方时，应稍后离座。地位高于对方时，则可首先离座。双方身份相似时，才允许同时起身离座。

（3）起身缓慢。起身离座时，最好动作轻缓，无声无息，尤其要避免拖泥带水，弄响坐椅，或将椅垫、椅罩弄掉在地上。

（4）站好再走。离开坐椅后，先要采用基本的站姿。站定之后，方可离去。要是起身便跑，或是离座与走开同时进行，则会显得自己过于匆忙。

（5）从左离开。有可能时，站起身后，宜从左侧离去。与"左入"一样，"左出"也是一种礼节。

3. 下肢的体位。坐好之后下肢的体位主要由双腿与双脚所处的不同位置所决定。常用的主要有以下八种：

（1）正襟危坐式。它又称标准的坐姿或双腿垂直式，适用于最正规的场合。主要要求是：上身与大腿、大腿与小腿，都应当形成直角，小腿垂直于地面。双膝、双脚包括两脚的跟部，都要完全并拢。（图 2 - 10）

（2）垂腿开膝式。它多为男性所用，也较为正规。主要要求是：上身与大腿，大腿与小腿皆为直角，小腿垂直于地面。双膝允许分开，但不得超过肩宽。（图 2 - 11）

（3）双腿叠放式。它适合穿短裙的女士采用，造型极为优雅。主要要求是：将双腿完全地一上一下交叠在一起，交叠后的两腿之间没有任何缝隙，犹如一条直线。双脚斜放于左或右一侧，斜放后的腿部与地面成 45°夹角，叠放在上的脚的脚尖垂向地面。（图 2 - 12）

（4）双腿斜放式。它适于穿裙子的女士在较低处就座所用。主要的要求是：双腿首先并拢，然后双脚向左或向右侧斜放，力求使斜放后的腿部与地面成 45°夹角。（图 2 - 13）

图 2-10　　　　　　图 2-11　　　　　　图 2-12

（5）双脚交叉式。它适用于各种场合，男女皆可选用。主要要求是：双膝先要并拢，然后双脚在踝部交叉。需要注意的是，交叉后的双脚可以内收，也可以斜放，但不宜向前方远远地直伸出去。（图 2-14）

（6）双脚内收式。它适合在一般场合采用，而且男女都适宜。主要要求是：两条大腿首先并拢，然后双膝可以略为打开，两条小腿可在稍许分开后向内侧屈回。双脚脚掌着地。（图 2-15）

图 2-13　　　　　　　　　　图 2-14

（7）前伸后曲式。它也是女性适用的一种优美坐姿。主要要求是：大腿并紧之后，向前伸出一条腿，并将另一条腿屈后，两脚脚掌着地，双脚前后要保持在一条直线上。

（8）大腿叠放式。它多适合男性在非正式场合采用。主要要求是：两条腿在大腿部分叠放在一起。叠放之后位于下方的一条腿的小腿垂直于地面，脚掌着地；位于上方的另一条腿的小腿则向内收，同时宜以脚尖向下。（图2－16）

图 2－15　　　　　　　　　　　　图　2－16

4. 上身的体位。就坐姿而论，除了下肢的体位之外，上身的体位，即坐好之后，头部、躯干与上肢的具体位置，也极其重要，而并非无关紧要。

（1）注意头部位置的端正。重要的是，千万不要在客户面前就座时出现仰头、低头、歪头、扭头等情况。

坐定之后的标准头位，应当是头部抬直，双目平视，下颌内收。整个头部看上去，应当如同一条直线一样，与地面相垂直。出于实际需要，在办公时允许低头俯看桌上的文件、物品，但在回答他人问题时，则务必要抬起头来，不然就带有爱答不理的意思。在与人交谈时，可以向正前方，或者面部侧向对方，但不准将后脑勺对着对方。

（2）注意躯干位置的直立。坐好之后，身体的躯干部位也要注意端端正正。需要注意的地方有：一是椅背的倚靠。倚靠主要用以休息，所以因工作而就座时，通常不应当将上身完全倚靠着坐椅的背部。可能的话，最好一点也别靠着椅背。二是椅面的占用。既然不宜经常倚靠椅背，那么就同时存在着椅面的占用问题。在尊长面前，一般不宜坐满椅面，只坐 3/4 左右从礼仪的角度看是最为适当的。三是身子的朝向。与他人交谈时，为表示对其重视，不仅应面向对方，而且同时应将整个上身朝向对方。不过一定要注意，侧身而坐时，躯干不要歪扭倾斜。四是基本的轮廓。在大庭广众前就座时，躯干的基本轮廓要力求美观、宜人，最重要的是，躯干要挺直，胸部要挺起，腹部要内收，腰部与背部一定要直立。

（3）注意手臂位置的摆放。根据实际需要，金融行业员工在坐好后手臂摆放的正确位置主要有如下五种：一是放在两条大腿上。具体方法有三：其一是双手各自扶在一条大腿上，其二是双手叠放后放在两条大腿上，其三是双手相握后放在两条大腿上。要强调的是，将手放在小腿上，是不可以的。二是放在一条大腿上。侧身与人交谈时，通常宜将双手置于自己所侧一方的那条大腿上。具体方法有二：其一，是双手叠放；其二，则是双手相握。三是放在皮包文件上。当穿短裙的女士面对男士而坐，而身前没有屏障时，为避免"走光"，一般可将自己随身携带的皮包或文件放在并拢的大腿上。随后，即可将双手或扶、或叠、或握后置于其上。四是放在身前桌子上。将双手平扶在桌子边沿，或是双手相握置于桌上，都是可行的。有时，也可将双手叠放在桌上。五是放在身旁扶手上。坐定后，将手摆放于坐椅的扶手之上。正确的方法是：正身而坐时，宜将双手分扶在两侧扶手上。侧身而坐时，则应当将双手叠放或相握后，置于侧身一侧的扶手上。

三、不良坐姿

在客户面前落座时，金融行业员工一定要遵守律己敬人的基本规定，绝对不宜采用不良的坐姿。对金融行业员工而言，以下十六种坐姿，都是应避免的：

1. 双腿叉开过大。面对客户时，双腿如果开叉过大，不论是大腿叉开还是小腿叉开，都极其不雅。

2. 架腿方式欠妥。坐后将双腿架在一起，不是说绝对不可以，但正确的方式应主要是两条大腿相架，并且一定要使二者并拢。如果将一条小腿架在另一条大腿上，两者之间还留出大大的空隙，成为所谓的"架二郎腿"，就显得有些过于放肆了。

3. 腿直伸出去。坐下后，不宜将双腿直挺挺地伸向前方。那样做不仅有可能会有碍于人，而且也有碍观瞻。身前若有桌子，双腿尽量不要伸到外面来。

4. 将腿放上桌椅。有人坐定后为图舒服，喜欢将双腿或单腿置于高处，有时甚至还会将其抬到身前的桌子或椅子上。金融行业员工在工作岗位上要是这样做了，会给人留下极为不佳的印象。把一条腿或双腿盘上本人所坐的坐椅上，也是不当的。

5. 腿部抖动摇晃。坐在别人面前，反反复复地抖动或摇晃自己的腿部，不仅会令他人心烦意乱，而且也会给人以极不安稳的印象。

6. 脚尖指向他人。不管具体采用哪一种坐姿，都不宜以本人的脚尖指向别人，因为这一做法是非常失礼的。

7. 脚跟接触地面，坐下后如以脚部触地，通常不允许仅以脚跟接触地面，而将脚尖跷起。双脚都这么做时，则更算是一种严重的违规。

8. 以脚蹬踏他物。坐下来之后，脚部一般都要放在地上。要是用脚在别处乱蹬乱踩，甚至将其蹬踩于高处，通常是不合适的。

9. 以脚自脱鞋袜。脱鞋脱袜，属于个人隐私和"卧房动作"，绝对不宜当众表演。在别人面前就座时以脚自脱鞋袜，显然也是不文明的。

10. 以手触摸脚部。在就座以后用手抚摸小腿或脚部，都是极不卫生的，有此不良之习者，务必要自觉克服。

11. 手部置于桌下。就座后，双手应在身前有桌时置于其上，单手或双手放于其下，都是不允许的。

12. 手部支于桌上。用双肘支在面前的桌子上，对于同座之人是不够礼貌的做法。

13. 双手抱在腿上。双手抱腿，本是一种惬意、放松的休息姿势，故而在工作之中不可取。

14. 将手夹在腿间。个别人坐下来之后往往将双手夹在两腿之间，这一动作会令其显得胆怯或害羞。

15. 上身向前趴伏。坐后上身趴伏在桌椅上或本人大腿上，都仅能用于休息，而不宜在工作场所中出现。

16. 头部靠于椅背。以头靠在椅背，自然是为了稍事休息，但在工作岗位上，是不可以这么做的。

第三节
走姿

对走姿的要求是"行如风"，即走起路来像风一样轻盈。当然，不同的情况，对行走的要求是不同的。这里所讲的走姿与体操练习中的齐步走、正步走、竞走等是不同的。我们讲的是一般生活中的走路姿势。由于性别、性格的原因以及美学的要求，男女的步态也应有区别。男性走路以大步为佳，女性走路以碎步为美。

一、标准走姿

标准的走姿为：上身基本保持站立的标准姿势，挺胸收腹，腰背笔直，两臂以身体为中心，前后自然摆动，前摆约 35°，后摆约 15°，平掌朝向体内，起步时身子稍向前倾，重心落在前脚掌，膝盖伸直，脚尖向正前方伸出，行走时双脚踩在一条线的边缘上。

有人编了走路的动作口诀，体现了走姿的要领：双眼平视臂放松，以胸领动肩轴摆，提髋挺膝小腿迈，跟落掌接趾推送。

金融行业员工在行进之时，应当特别关注下述六个主要环节：

1. 方向明确。在行走时，必须要保持明确的行进方向，尽可能地使自己犹如在一条直线上行走。若做到此点，往往会给人以稳重之感。具体的方法是：行走时一直以脚尖正对着前方，形成一条虚拟的直线。每行进一步，脚跟都应当落在这一条直线上。

2. 步幅适度。步幅，又叫步度，它所指的是人们每走一步时，两脚之间的正常距离。金融行业员工在行进之时，最佳的步幅应为本人的一脚之长，即行进时所走的一步，应当与本人一只脚的长度相近。具体为男子每步约 40 厘米，女子每步约 36 厘米。与此同时，步子的大小还应当大体保持一致。

3. 速度均匀。人们行进时的具体速度，通常叫做步速。对金融行业员工来讲，步速固然可以有所变化，但在某一特定的场合，一般应当使其保持相对稳定，较为均匀，而不宜使之过快过慢，或者忽快忽慢，一时间变化过大。一般认为，在正常情况下，在每分钟之内走 60 步至 100 步都是比较正常的。

4. 重心放准。在行进时，能否放准身体的重心极其重要。正确的做法应当是：起步之时，身体须向前微倾，身体的重量要落在前脚掌上。在行进的整个过程之中，应注意使自己身体的重心随着脚步的移动不断地向前过渡，而切勿让身体的重心停留在自己的后脚上。

5. 身体协调。人们在行进时，身体的各个部分之间必须进行完美的配合。在行进时要保持身体的和谐，就需要注意：走动时要以脚跟首先着地，膝盖在脚部落地时应当伸直，腰部要成为重心移动的轴线，双臂要在身体两侧一前一后地自然摆动。

6. 造型优美。行进的时候，保持自己整体造型的优美，是金融行业员工不可忽视的一大问题。要使自己在行进之中保持优美的身体造型，就一定要做到昂首挺胸，步伐轻松而矫健。其中最为重要的是，行走时应面对前方，两眼平视，立脚收腹，直起腰、背，伸直腿部，使自己的全身从正面看上去犹如一条直线。

二、不同场合的走姿

就一般情况而言，需要金融行业员工有所了解的行进姿势主要包括陪同引导、上下楼梯、进出电梯、出入房门、变向行走和其他走姿。

1. 陪同引导。陪同，指的是陪伴着别人一同行进。引导，则是指在行进之中带领别人，有时又叫做引领、引路或带路。当金融行业员工在自己的工作岗位上服务于人时，经常有机会陪同或引导客户。陪同引导客户时，通常应注意四点：

一是本人所处的方位。若双方并排行进时，金融行业员工应居于左侧；若双方前后行进时，则金融行业员工应居于左前方约 1 米的位置。当客户不熟悉行进方向时，一般不应请其先行，同时也不应让其走在外侧。

二是协调的行进速度。在陪同引导客人时，本人行进的进度须与对方相协调，勿我行我素，走得太快或太慢。

三是及时的关照提醒。陪同引导客户时，一定要处处以对方为中心。

每当经过拐角、楼梯或道路坎坷、照明欠佳之处时，须关照提醒对方留意，绝不可以不吭一声，让对方茫然无知或不知所措而有不便。

四是采用正确的体位。陪同引导客人时，有必要采取一些特殊的体位。请对方开始行进时，应面向对方，稍许欠身。在行进中与对方交谈或答复其提问时，应将头部、上身转向对方。

2. 上下楼梯。上下比较高的楼梯时，金融行业员工应当遵守一些有关的具体规定。如下三点，尤须特别予以注意：

一是要减少在楼梯上的停留。楼梯是人来人往之处，所以不要停在楼梯上休息、站在楼梯上与人交谈或是在楼梯上慢慢悠悠地行进。

二是要坚持"右上右下"原则。上下楼梯时，均不准并排行走，而应当自右侧而上，自右侧而下。这样一来，有急事的人，便可以快速通过。

三是要注意礼让客户。上下楼梯时，千万不要同服务对象抢行，出于礼貌，可请对方先行。当自己陪同引导客人时，则应上下楼梯时先行在前。

3. 进出电梯。金融行业大多数设在高楼大厦里，员工就免不了经常需要使用电梯。在使用电梯时，大致上应当注意四个问题：

一是要使用专用的电梯。假如本单位有条件并作出了此种规定，则一定要自觉地加以遵守。有可能的话，金融行业员工不要与服务对象混用同一部电梯。

二是要牢记先出后进。乘电梯时，一般的规矩是：里面的人出来之后，外面的人方可进去。不守此规，出入电梯时人一旦过多，就会出现混乱的场面。

三是要照顾好客户。金融行业员工在乘电梯时碰上了并不相识的客户，也要以礼相待，请对方先进先出。若是负责陪同引导对方时，则乘电梯时还有特殊的要求。乘坐无人电梯时，员工须自己先进后出，以便控制电梯。乘坐有人操作的电梯时，则员工应当后进后出。

四是要尊重周围的乘客。进出电梯时，大都要侧身而行，免得碰撞、踩踏别人。进入电梯后，应尽量站在里边。人多的话，最好面向内侧，或与他人侧身相向。下电梯前要做好准备，提前换到电梯门口。

4. 出入房门。进入或离开房间时，应注意如下细节：要先通报。在出入房门时，尤其是在进入房门前，一定要采取叩门、按铃的方式，向房内的人进行通报。

（1）要以手开关门。出入房门时，务必要用手来开门或关门。在开关房门时，用肘部顶、用膝盖拱、用臀部撞、用脚尖踢、用脚跟蹬等不良做法，都不宜为金融行业员工所用。

（2）要面向他人。出入房门，特别是在出入一个较小的房间，而房内又有自己的熟悉之人时，最好是反手关门，并且始终注意面向对方，而不是把背部朝向对方。

（3）要后入后出。与他人一起先后出入房间时，为了表示自己的礼貌，金融行业员工一般应当自己后进门、后出门，而请对方先进门、先出门。

（4）要为人拉门。有时，在陪同引导他人时，金融行业员工还有义务在出入房间时替对方拉门。

5. 变向行走。在行进中，人们经常有必要变换自己的行进方向。所谓变向行走，指的就是在行进中变换自己的方向。金融行业员工所采用的变向行走，主要包括除常规前行之外的后退、侧行、前行转身、后退转身等。

（1）后退。扭头就走是失礼的，可采用先面向交往对象后退几步方才转体离去的做法。通常面向他人后退宜至少两三步。后退时步幅宜小，脚宜轻擦地面，转体时，应身先头后。若先转头或头与身同时转向，均为不妥。

（2）侧行。在行进时，有两种情况需要侧身而行。一是与同行者交谈之时。具体做法是，上身宜转向交谈对象，距对方较远一侧的肩部朝前，距对方较近一侧的肩部稍后，身体与对方身体之间保持一定距离。二是与他人狭路相逢时。此刻宜两肩一前一后，胸部转向对方，而不应背向对方。

（3）前行转身。前行转身，即在向前行进之中转身而行。它又分为两种：一是前行右转。在前行中向右转身，应以左脚掌为轴心，左右脚落地时，向右转体90°，同时迈出右脚。二是前行左转。与前行右转相反，在前行中向左转身，应以右脚掌为轴心，在右脚落地时，向左转体90°，同时迈出左脚。

（4）后退转身。后退转身，即在后退之中转身而行。它分为三种：一是后退右转。先退行几步后，以左脚掌为轴心，向右转体90°，同时向右迈出右脚。二是后退左转。先退几步后，以右脚掌为轴心，向左转体90°，同时向左迈出左脚。三是后退后转。先退几步，以左脚为轴心，向左转体180°，然后迈出右脚；或是以右脚为轴心，向右转体180°，然后迈出左脚。

6. 其他走姿。参与喜庆活动，步态应轻盈、欢快、有跳跃感，以反映喜悦的心情。参与吊丧活动，步态要缓慢、沉重、有忧伤感，以反映悲哀的情绪。参观展览、探望病人，环境安静，不宜出声响，脚步应轻柔。进入办公场所，登门拜访，在室内这种特殊场所，脚步应轻而稳。走入会场、走向话筒、迎向宾客，步伐要稳健、大方、充满热情。举行婚礼、迎接外宾等重大正式场合，脚步要稳健，节奏稍缓。办事联络，往来于各部门之间，步伐要快捷又稳重，以体现办事者的效率、干练。陪同来宾参观，要照应来宾行走速度，并善于引路。

三、不正确的走姿

每个人走路的姿势都不一样，如果姿势不正确，有可能就会造成 O 形腿，甚至会让膝盖受伤，更主要的还会影响你的外表形象。看看你走路的姿势是否属于下面五种，如果是就要马上在平日行走中加以注意并努力改正。

1. 踢着走。有些人因为怕地上的脏水或脏东西弄脏鞋子或裤子，会有一种习惯，就是踢着走。踢着走的时候身体会向前倾，走路时只有脚尖踢到地面，然后膝盖一弯，脚就往上一提。所以，走路的时候腰很少出力，很像走小碎步，长期易使腿部变胖。

2. 压脚走。与踢着走很类似，但是这种压脚走的方式却是双脚着地的时间比提脚的时间长。走的时候身体重量会整个压在脚尖上，然后再抬起来。长久如此，会导致腿肚肌肉越来越发达。

3. 内八字走法。内八字脚，是指在走和跑时脚尖向内，可分为轻度、中度和重度的内八字脚。前脚掌内、外侧缘与纵轴形成的夹角不超过5°为轻度，5°以上是中度，10°以上是重度。很多日本女人都是内八字走法，长久下来会造成 O 形腿。

4. 外八字走法。外八字脚，是指在走和跑时脚尖向外。它与内八字脚一样也可分为轻度、中度和重度的外八字脚。外八字走法会使膝盖向外，甚至产生 X 形腿。

5. 踮脚尖走。踮着脚尖走的人，其实本意是为了使步伐更美妙。由于过于在脚尖上用力，会使膝盖因为脚尖用力的关系而太用力于腿肚上，很容易导致萝卜腿。

第四节
握手礼仪

营业礼仪是指金融行业员工在营业场所向客户提供柜面服务时以约定俗成的规范程序、方式来表现的律己敬人的完整行为。良好的柜面体态服务是金融营业礼仪的一个重要组成部分，金融行业员工健美的身姿、热情的体态、高雅的气质、文明礼貌的服务行为，是给客户提供优质服务的重要保障。柜面体态服务的基本内容除了包括前面所讲的身体基本姿态外，主要涉及金融行业员工与客户交往过程中所体现出来的服务神情、身体语言、基本的交往礼节等。这里我们主要介绍金融行业员工在服务过程经常用到的握手基本礼仪。

一、手势

手是人体上最灵性的器官。如果说眼睛是心灵的窗户，那么手就是心灵的触角，是人的第二双眼睛。

手势是指表示某种意思时用手所做的动作，是一种表现较强的体态语言，在传递信息、表达意图和情感方面发挥着重要作用。恰当地运用手势可以增强表情达意的效果，并给人以感染力，加深印象。

（一）使用手势的要求

使用手势的总体要求是准确、规范、适度。

1. 手势的使用要准确。在现实生活中，为避免手势使用不当引发交际双方沟通障碍甚至误解，必须注意手势运用的准确。用不同的手势，表达不同的意思，并使手势与语言表达的意思一致。

2. 手势的使用要规范。在一定的社会背景下，每一个手势如"介绍"的手势、"递名片"的手势、"请"的手势、"鼓掌"的手势等，都有其约定俗成的动作和要求，不能乱加使用，以免产生误解，引起麻烦。

3. 手势的使用要适度。与人交谈时，可随谈话的内容做一定的手势，这样有利于双方的沟通，但手势的幅度不宜过大，以免适得其反，显得粗俗无修养。同时，手势的使用也应有所限制，并非多多益善。如果使用太多，滥用手势，会让人反感。尤其是手势与语言、面部表情以及身体其他部位动作不协调时，会给人一种装腔作势的感觉。

总之，手势的运用要准确、规范、适度，才能给人一种优雅、大方、彬彬有礼的感觉，才能真正体现出尊重和礼貌。

（二）不正确的手势

日常生活中某些手势会令人极其反感，严重影响交际形象。如当众搔头皮、掏耳朵、抠鼻孔、剔牙、咬指甲、剜眼屎、修指甲、揉衣角、搓泥垢，用手指在桌上乱画等。又比如，为人指路时，切忌伸直一根指头；在社交场合，不能用手指指点，与人说话不要打响指；在任何情况下，不要用拇指指着自己的鼻尖和用手指点他人等。

（三）与人交往的手势含义

手势可以表达丰富的内涵，如搓手，常表示对某一事物的焦急等待，跃跃欲试；背手，常显示一种权威，若伴以俯视踱步则表示深思；摊开双手，表示出一种真诚和坦率，或流露出某种无奈；握拳，显示出决心或表示愤怒、不满；不自觉地用手摸脸、擦眼、搔头，是在掩饰心中的不安；用"虎口"托下巴，说明老练或沉着；用食指指点对方，是在指责、数落对方；用拇指指向对方，表示轻视、嘲弄，以及污辱对方；竖起大拇指表示称赞；跷起小拇指则是瞧不起；十指交叉，或放在胸前，或垂于胸，常表示紧张、敌对或沮丧；双手指尖相抵，形成塔尖形，置于颌下的动作，是向对方传达自己充满自信的信号，若再伴以身体后仰则显得高傲；如果把尖塔倒过来移到腰部以下，这叫"倒尖塔行为"，意思就完全不同了，这个动作往往产生于心情比较平静、愿意虚心听取别人的意见或谈话内容的时候。

（四）常见的手势

1. OK手势。拇指和食指合成一个圆圈，其余三个手指自然伸张。这种手势在西方某些国家比较常见，但应注意在不同国家其语义有所不同。如在美国表示赞扬、允许、了不起、顺利、好；在法国表示零或无；在印度表示正确；在中国表示零或三两个数字；在日本、缅甸、韩国则表示金钱；在巴西则是引诱女人或侮辱男人之意；在地中海的一些国家则是孔或洞的意思，常用此来暗示、影射同性恋。

2. 伸大拇指手势。大拇指向上，在说英语的国家多表示 OK 之意或是搭车之意；若用力挺直，则含有骂人之意；若大拇指向下，多表示坏、下等人之意。在我国，伸出大拇指这一动作基本上是向上伸出表示赞同、好等，向下伸表示蔑视、不好等之意。

3. V 字形手势。伸出食指和中指，掌心向外，其语义主要表示胜利（Victory 第一个字母）；掌心向内，在西欧表示侮辱、下贱之意。这种手势还时常表示二这个数字。

4. 伸出食指手势。在我国以及亚洲一些国家表示一、一个、一次等；在法国、缅甸等国家则表示请求、托之意。在使用这一手势时，一定要注意不要用手指指人，更不能在面对面时用手指对方的面部和鼻子，这是一种不礼貌的动作，且容易激怒对方。

5. 捻指作响手势。就是用手的拇指和食指弹出声响，其语义或表示高兴，或表示赞同，或是无聊之举，有轻浮之感。应尽量少用或不用这一手势，因为其声响有时会令他人反感或觉得没有教养，尤其是不能对异性运用此手势，这是带有挑衅、轻浮之意的举动。

二、握手的基本礼仪

握手是交际场合中运用最多的一种交际礼节形式。

握手除了是见面时的一种礼节之外，有时还是一种祝贺、感谢、慰问或相互鼓励的表示，有时也是对久别重逢或多日未见的友人相见或辞别时的礼节，握手同时也是和平的象征。

握手的方式：握手须有正确的姿势，行握手礼时应上身稍稍前倾，两足立正，伸出右手，距离受礼者约一步，四指并拢，拇指张开，向受礼者握手，礼毕后松开。距离受礼者太远或太近，都不雅观，将对方的手拉近自己的身体区域也不妥当。握手时必须是上下摆动，而不能左右摇动。当遇到较熟悉的人或知交时，可伸出双手行握手礼以表亲切。

握手的礼仪规范：握手有它的礼仪规范，从握手中，往往可窥测一个人的情绪和意向，还可推断一个人的性格和感情。

一般情况下握手要用右手，应由主人、年长者、身份地位高者、女性先伸手，握手时不要用力过猛，尤其对女性，当然握手松松垮垮也是对对方的不尊重。握手时间长短因人而异，初次见面握手时间不宜过长。在多人同时握手时，不要交叉握手，应待别人握完再伸手。握手时不要戴手套，握手时应双目注视对方，切不可斜视和低着头。当手不洁或污渍时，应事先向对方声明示意并致歉意。

如果握手的双方是年龄相仿的异性时，按一般规矩，应由女士先伸手，男士只轻轻一握即可。

与老人或与贵宾握手，不仅是为了问候和致意，还是一种尊敬的表示。握手时应先等对方伸手，再伸手去握。握手时双目应注视对方，面露微笑，身体微向前倾，最好快步趋前，用双手表示尊敬。

如果遇到若干人在一起，握手致意的顺序应是：先贵宾、老人，后同事、晚辈，先女后男。不要竞相交叉握手，或跨门甚至隔着门槛握手。遇到身份高的熟悉的老人，不要径直前去握手，应是在对方应酬之后，再上前问候握手致意。

与上级或下级握手时，上级应先于下级伸手。不论上级下级都应热情大方，不卑不亢，礼貌相待。

握手礼是人们在社交场合中司空见惯的礼节，看似平常但却是沟通思想、交流感情、增进友谊的重要方式，深情、文雅而得体的一握，其中蕴涵着令人愉悦、信任、接受的契机。因此，任何场合都不能忽视这种礼节，尤其是金融员工在与客户进行工作交往时更应注重握手的礼仪。

思　考　题

1. 日常工作与生活中有哪些不正确的站、坐、走的姿势？
2. 握手的基本礼仪有哪些？

本章主要参考文献

［1］蔡践：《礼仪大全》，北京，当代世界出版社，2007。
［2］田超颖：《商务社交礼仪全书》，北京，地震出版社，2007。
［3］王华：《现代金融礼仪》，杭州，浙江大学出版社，2004。
［4］王华：《金融服务礼仪》，杭州，浙江大学出版社，2006。

第三章

金融行业员工形体素质的训练

JINRONG HANGYE YUANGONG
XINGTI SUZHI DE XUNLIAN

通过体育锻炼塑造一种和谐发展的人体，是同雕塑家的艺术创造相似的一种艺术创造。

——黑格尔

学习目标

- 正确认识形体美的表现形式
- 熟练掌握不同部位身体柔韧、力量练习的基本方法

金融行业是一种服务性的行业，员工的形体仪态美能够满足消费者的审美要求，从而提高服务质量，给企业带来良好的经济效益和较高的社会声誉。而形体仪态的美感是依赖于长期的强化形体训练来达到的，所以，金融行业员工进行多样化的形体训练至关重要。

形体训练多是静力性活动和控制能力的练习。从解剖学分析，形体基本素质概括为力量、柔韧性、控制能力、协调性、灵活性和耐力，最重要的是力量和柔韧性，它们的好坏影响形体的控制力和表现力。

形体素质练习是形体训练的最重要的内容之一。通过大量的练习，可

对人体的肩、胸、腰、腹、腿等身体各部位进行强化训练，加强腿部支撑人体站立、立腰、立背的力量以及身体各部位的柔韧性，为塑造良好的人体外形形态，改善形体的控制力打下良好的基础。形体基本素质训练应注意的问题有：（1）形体基本素质训练内容多，应考虑由易到难，由简单到复杂；（2）每次形体训练要有重点，同时也要注意全面锻炼身体，避免内容单一化；（3）在进行形体基本素质训练前要热身，过后要放松；（4）要强调对称动作的练习，避免身体对称部位的不协调。

第一节
柔韧性训练

　　柔韧性一般称为软度。柔韧性好坏是由人体各个关节的运动幅度大小所决定的。影响柔韧性好坏有三个因素：一是骨结构。构成关节的关节面之间的面积差大，关节的灵活性就大；面积差小，关节的灵活性则小。二是关节周围关节囊的紧密程度和韧带数量的多少，紧和多者柔韧性相对差些。三是关节周围的肌肉和软组织的体积大者柔韧性受限制。第一个因素主要是先天形成的，不易改变，第二和第三个因素可以通过形体基本功的训练获得改进。关节是由骨与骨之间的结缔组织联结构成的，根据联结组织的性质和活动情况，关节可分为不动关节、半动关节和动关节三类。

一、肩部

1. 后提臂夹肩练习（见图 3–1）

【预备姿势】立正站好，双手臂在体后伸直握好。

【动作方法】

　　1×8 拍的第 1～4 拍，匀速后抬双臂至最大限度。第 5～8 拍双臂匀速回落至预备姿势。

　　2×8 拍的第 1～2 拍，体前屈同时双手臂后举，第 3～6 拍控制不动，第 7～8 拍还原成预备姿势，反复练习。

图　3-1

【动作要求】双手臂伸直，后夹角，抬头，挺胸。后抬臂至最大限度，上体保持直立。体前屈后举双臂至最大限度，将肩关节韧带拉开。

2. 压肩韧带（见图3-2）

【预备姿势】面对肋木上体前倾，双手臂伸直放在肋木上，双脚开立。

图　3-2

【动作方法】

1×8拍的第1拍，上体用力向下压，将肩关节拉开，一拍一压，反复练习4×8个拍，压至最大限度时，控制4×8个拍。

【动作要求】双手臂伸直，压肩时要保持塌腰、挺胸、抬头的形态，注意保持呼吸正常。

二、腰背部

1. 坐式背部伸展动作（见图 3-3）

图 3-3

【预备姿势】坐在地毯上，保持背部平直，挺胸，收腹，双手分别放在身体两侧的地毯上，屈右膝，并让右脚平踩在左腿旁的地面上。

【动作方法】

1×8 拍的第 1~2 拍，右手微屈放在身后，尽量靠近身体，左前臂放在右膝外侧。第 3~8 拍，右膝慢慢收向身体的中轴线，头和上半身从腰部开始向右臂的方向扭曲到最大限度。

2×8 拍控制身体扭转的最大限度一个 8 拍。

3×8 拍、4×8 拍同 1×8 拍、2×8 拍，换方向练习。

【动作要求】在做动作时保持正常的呼吸，并使头部与脊椎骨保持在一条直线上，双眼视线要高于肩部。

2. 侧向吊胸腰练习（见图 3-4）

【预备姿势】上体正直，双手上举成三位手，一脚跪立，一脚侧点地。

【动作方法】

1×8 拍的第 1~4 拍，上体下旁腰，同侧手伸向远方。第 5~8 拍还原后，转体成正向侧面体前屈，胸贴大腿。

2×8 拍的第 1~2 拍，双臂带动上体直立，第 3~8 拍下胸腰，一手上举一手下举。

3×8 拍、4×8 拍，吊胸腰控制 2×8 个拍，换方向做。

【动作要求】吊胸腰时，髋部不能前倾后仰，要保持身体正直。

图 3－4

三、髋部

1. 坐姿双腿外分练习（见图 3－5）

【预备姿势】分腿坐在地上并保持背部平直挺胸，同时向内收腹，双手扶大腿内侧。

【动作方法】

1×8 拍的第 1～4 拍，从腰部开始保持躯干笔直状态，从臀部开始向前屈身，同时双手平放于身前地上。第 5～8 拍，塌腰，挺胸，抬头。反复4×8个拍，后做第 1～4 拍动作，控制 2×8 个拍。

【动作要求】头部和脊椎骨保持在一条直线上，膝盖和脚趾始终保持

图　3－5

向上的姿态。

2. 平躺扫腿绕胯练习（见图3－6）

【预备姿势】仰卧平躺地毯上，双脚并拢，绷脚尖，双手掌心朝下放在体侧。

【动作方法】

1×8 拍的第 1 拍，左腿向上举至最大限度，第 2 拍左脚从上举向旁落下贴于地面，第 3 拍左脚向右脚方向踢出。第 4～8 拍，左脚从右侧至胸前到左侧绕环扫腿，右脚紧随扫腿一次。

2×8 拍重复 1×8 拍。

3×8 拍、4×8 拍换脚练习。

【动作要求】双腿伸直，开肩平躺，动作过程中保持身体形态，动力腿（做动作的腿）尽量围绕髋关节做最大幅度的匀速转动。

图 3-6

四、腿部

1. 直腿屈体压腿练习（见图 3-7）

【预备姿势】练习者立正站好，双臂伸直，十指体前交叉，手心向下。

【动作方法】

1×8 拍的第 1 拍前半拍，用力下振，后半拍上体稍抬起，做 1×8 个拍。

2×8 拍两腿分开直腰，双手从胯下穿过，用力下振，一拍一动。

3×8 拍的第 1~2 拍，屈膝展髋，塌腰前压上体；第 3~4 拍直立还原，分腿站；第 5~8 拍同第 1~4 拍。

4×8 拍重复 1×8 拍的动作。

【动作要求】做动作时，双腿并拢伸直，腰发力向下振，动作幅度逐渐增大，塌腰挺胸做动作时，要抬头。

图　3－7

2. 坐姿屈膝压腿练习（见图3－8）

【预备姿势】左腿向后伸直，右腿大小腿折叠跪坐，上体正直，双手体侧指尖扶地。

【动作方法】

1×8拍的第1~2拍，左手臂带动上体后振；第3~4拍上体略回，含胸，左手臂摆至体前；第5~8拍同第1~4拍。

2×8拍头向后仰，双手在体后抓住左脚踝关节，控制1×8个拍。（左膝屈）头向后仰，尽量贴近左脚尖。

3×8拍、4×8拍同1×8拍、2×8拍，方向相反。

【动作要求】保持抬头、挺胸、立腰、立背的形态，后压腿时，动力腿伸直。后下腰时，动力腿屈膝，绷脚面。

图 3-8

第二节
力量训练

　　力量是指身体或身体某部位用力的能力，是肌肉收缩或紧张时所表现出来的。有力量的练习者，练习时速度快、控制力强，易于掌握较难动作，良好的身体形态易于保持。力量差的练习者，腿伸不直，控制力差，不能稳健地完成动作，良好的身体形态不易于确立，也不易于保持。人的良好站立形态，必然是头部端正，正向上顶，两眼平视，下颌略回收，双肩后张下沉，以及挺胸、收腹、立腰、立背、紧臀、双膝伸直，双腿夹紧，脚跟并拢，脚尖开立 45°～60°，要想训练好站立形态，必须加强腿部和膝关节的支撑力量及立腰的能力和腹部肌肉收缩的力量，通过擦地、踢腿、蹲、勾绷脚等练习，可加强肌肉力量。

一、形体训练的肌群

1. 颈脖肌群。重点练习部位：胸锁乳突肌。

作用：可克服脖颈过短、软弱无力的缺陷，纠正头部不正确的姿势。

2. 肩臂部肌群。重点练习部位：三角肌、肱二头肌。

作用：克服肩和臂部无力，防止窄肩。

3. 胸部肌群。重点练习部位：胸大肌。

作用：纠正平扁胸，凹肩驼背，使胸部丰满，双肩匀称。

4. 背部肌群。重点练习部位：背阔肌。

作用：发达背部肌肉，消耗肥胖者背部多余的脂肪，使背部结实而柔和。

5. 腰腹部肌群。重点练习部位：腹肌等。

作用：可消耗多余的腰腹皮下脂肪，增强腰腹肌力量。

6. 臀部肌群。重点练习部位：臀大肌。

作用：消耗多余脂肪，预防臀部下坠，使臀部线条正直、丰满。

7. 腿部肌群。重点练习部位：股四头肌。

作用：可防止腿部肌肉萎缩，使腿部肌肉结实而丰润并能矫正腿部生理性缺陷，使人保持线条优美。

二、腰背部力量练习

后踢腿（见图3-9）

【预备姿势】双手臂伸直，手心向下，身体俯卧。

【动作方法】

1×8拍的第1~2拍，左腿向后上踢，右手直臂向上摆起；第3~4拍还原成预备姿势；第5~8拍同第1~4拍。

2×8拍的动作相同，另一手脚做。

3×8拍、4×8拍为1拍一次练习。

5×8拍的第1拍，两手臂和双脚向后摆起后控制4×8个拍。

【动作要求】双腿伸直，绷脚尖，后踢腿时挺胸、抬头，成最大的反背弓。

图　3－9

三、胸、腹部力量练习

两头起练习（见图3－10）

【预备姿势】开肩仰卧平躺在地毯上，双腿并拢伸直，绷脚尖。

【动作方法】

1×8拍第1拍，用力收腹，使上体和双腿同时抬起超过45°角，双手与脚在最高点接触。

第2拍还原成预备姿势。

反复练习4×8个拍。

【动作要求】保持抬头、挺胸、立背的形态，双腿并拢伸直，绷脚尖，用收腹的力量控制两头翘动作。

图　3-10

四、腿部力量练习

1. 正踢腿（见图 3-11）

图　3-11

【预备姿势】练习者平躺在地毯上，双手直臂于体侧，手心向下，双腿并拢伸直，绷好脚面。

【动作方法】

1×8 拍的第 1 拍，左脚向上踢起，第 2 拍慢回落至预备姿势。反复练习4×8个拍，后向上举控腿4×8个拍，两腿交换练习。

【动作要求】双腿伸直绷好脚面，动力腿踢腿迅速，回落要有控制。

2. 侧踢腿（见图3－12）

【预备姿势】身体侧卧成一直线，右肘撑地，手指向前，手心向下，大臂垂于地面，左手体前撑地。

【动作方法】

1×8拍的第1拍，左腿向侧上方踢出，第2拍回落成预备姿势。第3～4拍同第1～2拍，第5～8拍同第1～4拍。

反复练习4×8个拍。

5×8拍的第1拍，左腿向侧上方踢出至最大限度，后控制4×8个拍。

换腿练习。

【动作要求】上体保持挺胸、抬头、立腰、立背的形态，绷脚尖踢腿动作迅速而有力，回落时要有控制。

图 3－12

3. 跪撑踢腿（见图 3 – 13）

【预备姿势】双手直臂撑地，双腿跪立，同时抬头、挺胸、塌腰。

【动作方法】

1×8 拍的第 1 拍，左腿向后上方踢出，第 2 拍左腿还原成直膝点地。反复练习 2×8 个拍，换另一腿练习 2×8 个拍。

5×8 拍的第 1 拍，左腿向左侧直腿踢出，第 2 拍还原成预备姿势。反复练习 2×8 个拍，换另一腿练习。

【动作要求】踢腿时要抬头、挺胸，塌腰至最大反背弓，侧踢时，膝盖、脚尖要绷直。

图　3 – 13

思 考 题

伏案工作人员最易疲劳的身体部位有哪些？该采用哪些形体训练手段和方法进行锻炼会取得较好的效果？

本章主要参考文献

［1］杨斌：《形体训练纲论》，北京，北京体育大学出版社，2002。

［2］张岚：《形体训练》，北京，旅游教育出版社，2007。

［3］郭可愚：《形体美》，北京，人民体育出版社，2006。

第四章

形体基本动作的组合训练

XINGTI JIBEN DONGZUO DE ZUHE XUNLIAN

　　美是一种心灵的体操——它使我们的精神正直，良心纯洁，情感和信念端正。

——霍姆林斯基

学习目的

- 掌握形体训练（手臂、躯干、下肢）的基本动作及简单组合练习
- 加强身体协调性练习，基本学会形体舞蹈组合

　　人类在按照美的规律改造世界、创造美好生活的同时，也在不断追求和表现自身的完美。今天，由于物质文化生活水平的提高，人们审美意识更加增强，对人体美的认识越来越成熟，且特别重视姿态美。姿态具有较强的可塑性，通过专门训练，可以改善姿态，美化体型。同时，姿态还具有稳定性，良好的姿态一旦形成，只要不人为地加以改变，就会长久保持下去。因此，在以基本形体的基础动作为主要内容的基础上，选用其综合的组合练习，可以发展练习者的柔韧性、稳定性、灵活性、协调性和力量等形体素质，提高其节奏感、音乐的表现能力和形体的表达能力，陶冶情

操，培养风度和美的感受，促进优美形体姿态的形成。

通过形体姿态的综合练习，培养头颈部位、手臂、躯干、腿部的控制力，提高姿态的表现意识和柔韧性及灵活性，规范并美化身体姿态。

【训练要求】

1. 每个动作要尽量伸展，优美；凡是有含胸的动作，必须先挺胸至含胸；凡是有双脚立踵的动作要收腹，立腰，挟臀，有力度；凡是有拖步的动作，幅度要大，有坚毅之感；凡是以胸肩带动做姿态动作，要有胸怀大志之感。

2. 练习时可分段进行，也可集体反复练习，或单独练习，根据自己的身体素质确定练习的量。

3. 坚持练习，持之以恒，就会收到满意的效果。

第一节
手臂基本动作的训练

一、练习组合一

练习波浪手时，手臂要松，手臂、手腕、手指一节一节向外，而回来时要按原路返回，即手臂、手腕、手指一节一节返回。

准备动作：三位脚（右足跟向后收回与左足靠紧），一位手（手指自然放松，并拢，大拇指与中指略靠近），眼看前方。

右手往外45°波浪手收回。本动作为2拍。（图4-1）

左手往外45°波浪手收回。本动作为2拍。（图4-2）

双手同时往外45°波浪手收回，做两次。本动作为4拍。本节①~③共8拍。（图4-3）

将右脚收在左脚的后面，右脚的前脚掌着地（成了一个小腋步），右脚的膝盖收在左膝盖后面。注意：手的动作是将下列3个图（见图4-4（1）、图4-4（2）、图4-4（3））的动作再做1次。本动作为8拍。

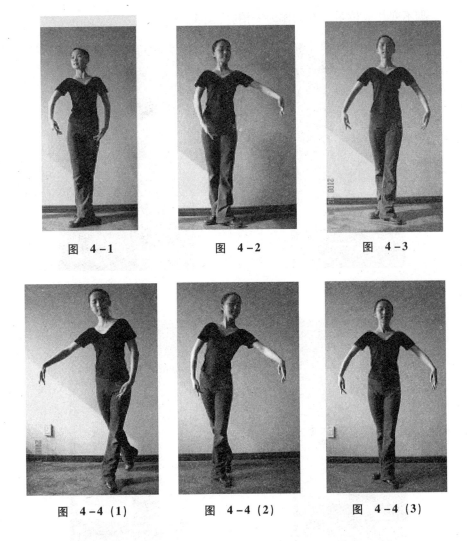

图　4-1　　　　　　图　4-2　　　　　　图　4-3

图　4-4（1）　　　　图　4-4（2）　　　　图　4-4（3）

二、练习组合二

脚不变，起右手上三位，手掌往下压（感觉就像用力压弹簧一样）。本动作为4拍。（图4-5）

开右脚收左脚，左脚是半脚尖，起左手上三位，手掌再按下来（感觉像用力压弹簧一样）。本动作为4拍，本节⑤～⑥共8拍。（图4-6）

收左脚，二位手。本动作为1拍。（图4-7）

脚不变，三位手。本动作为 1 拍。（图 4-8）

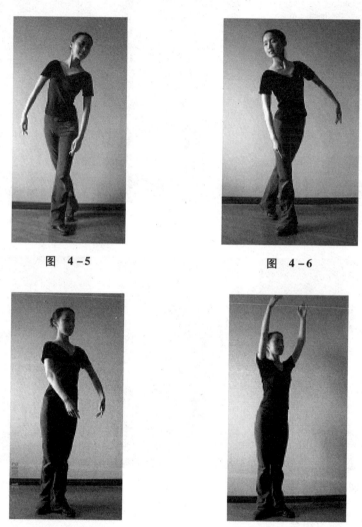

图 4-5　　　　　　　　　图 4-6

图 4-7　　　　　　　　　图 4-8

脚不变，手动作变化为七位手，再收回大腿两侧。本动作为 4 拍。本节⑦～⑨共 8 拍。（图 4-9）

注意：做完步骤⑦、⑧、⑨的动作后，立半脚尖身转向 2 点位，变右脚在前、左脚在后成丁字步。手的动作要再重复做步骤⑦、⑧、⑨的动作。

　　双脚立半脚尖转向正面，变小八字步。右手放在左肩上，左手自然下垂在左侧。本动作为2拍。（图4-10）

图 4-9

图 4-10

　　脚不变，右手不变，左手放在右肩上。本动作为2拍。（图4-11）

　　脚不变，双手向上打开，收回一位手。本动作为4拍。本节①~⑫共8拍。（图4-12）

图 4-11

图 4-12

第二节
躯干基本动作的训练

一、练习组合一

准备动作：小八字站立，一位手，后背收紧，自然呼吸。拧腰时，下身保持正向，上身向后方拧，产生"拧"的效果。

左脚前点地，右腿成支撑腿，左手从前往后带左肩和上身向左后拧腰，再放下来，双眼看正前方，右手自然下垂在右腿侧。本动作为4拍。（图4-13）

重心前移出右脚前点地，左腿成支撑腿。右手从前往后绕手，同时拧腰，左手自然下垂。本动作为4拍。本节①~②共8拍。（图4-14）

图 4-13　　　　　　　　图 4-14

二、练习组合二

开左脚成弓步，右手从后侧向8点位方向上伸出。注意：右手指尖和

右脚尖成一条斜线，要挺胸，抬下巴。本动作为1拍。（图4-15）

　　脚不变，右手下沉，压右腰，左手往后上方伸。本动作为1拍。（图4-16）

图 4-15　　　　　　　　　　　　　图 4-16

　　重心移向右边，屈右腿成弓步，左手从后上方转向2点位送手并抬头。注意：左手指尖和左脚尖成一条斜线，要挺胸，抬下巴，右手向后延伸。本动作为2拍。（图4-17）

　　两膝弯曲，并蹲下，重心在前，双手在胸前，提腕，压腕。本动作为2拍。（图4-18）

图 4-17　　　　　　　　　　　　　图 4-18

　　两膝微弯曲，重心在前，双手在下巴下，提腕、压腕各一次。本动作

为2拍。本节③～⑦共8拍。（图4-19）

两脚微弯曲，重心在前，双手在头顶上提腕、压腕各两次，抬头挺胸。本动作为4拍。（图4-20）

图　4-19

图　4-20

脚不变，双手三位手打开，往后翻同时挺胸。本动作为2拍。（图4-21）

脚不变，双手放松下来，同时低头含胸。本动作为2拍。本节⑧～⑩共8拍。（图4-22、图4-22侧视图）

图　4-21

图　4-22

慢慢往下蹲，然后再慢慢起来（膝盖、腰、背、脖子、头依次慢慢往上伸直）本动作为 4 拍。（图 4 - 23）

图 4 - 22 侧视图

图 4 - 23

第三节
下肢基本动作的训练

一、练习组合一

开左脚并将重心移至左脚，双手大开。本动作为 2 拍。（图 4 - 24）

右脚经一位向左前方擦出，左脚屈膝，二位手，收腹挺胸。本动作为 2 拍。（图 4 - 25）

五位脚直立半脚尖，碎步向右走，五位手。本动作为 4 拍。本节①～③共 8 拍。（图 4 - 26）

开右脚并将重心移至右脚，双手大开。本动作为 2 拍。（图 4 - 27）

图 4－24

图 4－25

图 4－26

图 4－27

左脚经一位向右前方擦出，右脚屈膝，二位手，收腹挺胸。本动作为 2 拍。（图 4－28）

五位脚直立半脚尖，碎步向左走，五位手。本动作为 4 拍。本节④～⑥共 8 拍。（图 4－28）

图　4-28

二、练习组合二

开右腿出右胯，左脚侧点地，左手一位，右手三位。本动作为 2 拍。（图 4-29）

并左腿，双脚成小八字站立，右手一位，左手三位。本动作为 2 拍。（图 4-30）

图　4-29　　　　　　　　　　图　4-30

开左腿出左胯，右脚侧点地，右手一位，左手三位。本动作为 2 拍。（图 4 - 31）

并右腿，双脚成小八字站立，左手一位，右手三位。本动作为 2 拍。本节⑦～⑩共 8 拍。（图 4 - 32）

图 4 - 31

图 4 - 32

身转左面，开左脚并弯曲成弓步，双手向前平伸，两手距离与肩同宽。注意：这个动作要将整个后背拉长。本动作为 2 拍。（图 4 - 33）

收右脚，成四位蹲，双手前伸直，手心朝上。本动作为 2 拍。（图 4 - 34）

重心后移，右腿后弯曲，左脚前点地，双手向两边慢慢大开成七位手。本动作为 4 拍。本节⑪～⑬共 8 拍。（图 4 - 35）

图 4 - 33

图 4-34

图 4-35

三、练习组合三

移重心，弯曲左脚成弓步，右脚伸直，脚尖点地，左手向2点位上方，右手在后斜下方，两手要同时向外延伸，眼看左上方。本动作为2拍。（图4-36）

右脚向右前方迈一步并屈膝成弓步，左脚在后伸直，两手变换左手向后翻，右手从下向上走，两指尖成一斜线。本动作为2拍。（图4-37）

图 4-36

图 4-37

　　两手同时收回一位，收左脚在后成五位脚，面向 2 点位。本动作为半拍。（图 4 – 38）

　　右脚向前擦地点地，左脚半蹲，两手从一位通过拧腰转正面，变左手斜前下方，右手后上方伸，本动作为半拍。（图 4 – 39）

图　4 – 38　　　　　　　　　　图　4 – 39

　　重心前移，左脚后点地，双手收回一位。本动作为半拍。（图 4 – 40）

　　左脚侧移一步屈膝成弓步，右脚尖点地，双手向两边拉开，右手在正前方的下方，左手在正后方的上方，眼看前方。本动作为半拍。（图 4 – 41）

图　4 – 40　　　　　　　　　　图　4 – 41

收右脚在后，半蹲，双手放松收回。本动作为1拍。（图4－42）

脚不变，双手放松下来，同时低头含胸。本动作为1拍。本节⑭～㉑共8拍。（图4－43）

图　4－42　　　　　　　　图　4－43

移重心，弯曲右脚成弓步，左脚伸直脚尖点地，眼看右上方。本动作为2拍。（图4－44）

图　4－44

左脚向左前方迈一步并屈膝成弓步，右脚在后伸直，两手变换，两指尖成一斜线。本动作为2拍。（图4－44）

两手同时收回一位，收右脚在后成五位脚，面向2点位。本动作为半

拍。(图4-45)

图 4-45

左脚向前擦地点地，右脚半蹲，两手从一位通过拧腰转正面，变右手斜前下方，左手向后上方伸。本动作为半拍。(图4-45)

重心前移，右脚后点地，双手收回一位。本动作为半拍。(图4-46)

右脚侧移一步屈膝成弓步，左脚尖点地，双手向两边拉开，左手在正前方的下方，右手在正后方的上方，眼看前方。本动作为半拍。(图4-47)

图 4-46　　　　　　　　　　图 4-47

收左脚在后，半蹲，双手放松收回。本动作为1拍。（图4-48）

脚不变，双手放松下来，同时低头含胸。本动作为1拍。本节㉒～㉙共8拍。（图4-49）

双脚立半脚尖，碎步向后走，右手先往后翻下来，本动作为2拍。再到左手向后翻下来，本动作为2拍。（图4-50）

图 4-48　　　　　图 4-49　　　　　图 4-50

右手再向后翻，同时脚跟也下来，双手轮流向后翻（做风火轮的动作）。本动作为4拍。（图4-50）

第四节
形体舞蹈组合

一、组合练习一

预备姿势：规范的立姿，两臂下举，目视左前方。

1×8 拍（见图 4-51）：

第 1~2 拍，右脚向右前斜方上步，经屈膝移重心至右脚站立，左脚后点地，同时右手臂小波浪一次，头看左手。

第 3~4 拍，经屈膝向前移重心成右脚站立，左脚前点地，同时手臂经侧向前绕环至头上举，眼看左脚尖。

第 5~6 拍，经屈膝向前移重心的同时抬头，双手向前推手臂波浪至上举位置。

第 7~8 拍，两脚前后开立，左脚后点地，双手至体侧。

预备姿势

1~2

3~4

5~6

7~8

图 4-51

2 × 8 拍（见图 4 – 52）：

第 1 拍，右脚向右侧方一小步，同时双手腹前交叉。

第 2 拍，右脚起踵立，下旁腰，双手拉开一位手。

第 3 拍，同第 1 拍动作。

第 4 拍，大幅度右脚起踵立，右手右斜上举，左手左斜下伸。

第 5 ~ 8 拍，双手从体侧至胸前插上，上举，同时转 360°。

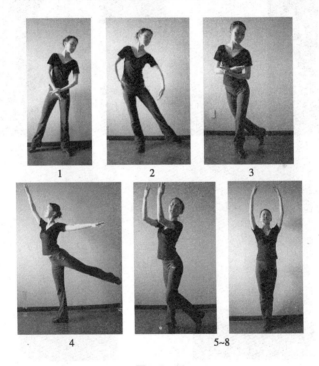

图　4 – 52

3 × 8 拍（见图 4 – 53）：

第 1 拍，右脚在前，屈双膝向前移重心，双手体侧摆动，左手向前，右手向后。

第 2 拍，右脚在前，左脚后点地直立，双手摆成左手在前的前后七位手。

第 3 ~ 4 拍，动作同第 1 ~ 2 拍，方向相反。

第 5 ~ 8 拍，右脚开始向前，足尖走三步成右脚在前，左脚后点地，双手在体侧划，右手向后、左手向前，成六位手。

4×8拍：

同3×8拍动作，方向相反。

3×8   1   2

5~8

图 4－53

5×8拍（见图4－54）：

第1拍，右脚开始向右后方迈步，同时右手带动，左手叉腰，向右侧下旁腰，屈左膝。

第2拍，右手继续划弧（平行于胸前的）至上举位置，同时右脚起踵立，左脚在旁收腿。

第3~4拍、第5~6拍，同第1~2拍。

第7~8拍，右脚向右迈步成右弓步，左手前平举，右手侧平举。

1　　　　　　　2　　　　　　　3~7

图 4-54

6×8拍（见图4-55）：

第1~2拍，双脚屈膝并立，双手臂从左侧经胸前带动腰摆动至右侧成右手叉腰，左手点右肩。

第3~4拍，动作同第1~2拍，方向相反。

1~2　　　　　　　　　　5~7　　　　　　8

图 4-55

第5~7拍，左脚屈膝，右脚一侧点地，左手点肩，右手侧平举下旁腰，以左脚为轴，一拍一转动90°。

第8拍，还原成立正姿势。

二、组合练习二

7×8拍（见图4-56）：

第1~2拍，左转90°，同时左脚向前上一步，右脚后点地，同时左臂经前绕至侧举，掌心向下，跟随左臂而动，目视左侧方。

第3~4拍，同第1~2拍，方向相反。

1~2　　　　　　　　　　　5~6

7　　　　　　　　　　　8

图　4-56

第 5 ~ 6 拍，两腿微屈，两臂摆至腹前下伸，含胸低头。

第 7 ~ 8 拍，直立，两臂摆至侧举，挺胸抬头，目视正前方。

8 × 8 拍（见图 4 – 57）：

第 1 ~ 4 拍，左腿经侧收腿，接着两脚立踵，脚尖碎步后退，两臂经后向下绕至上举至三位臂，上体经前含胸至直立，目视前方。

第 5 ~ 8 拍，脚尖碎步右转 360°，右臂左肩前立掌，左臂侧上举，掌心向外，上体右侧屈，目视右后下方。

9 × 8 拍、10 × 8 拍、11 × 8 拍、12 × 8 拍：

重复做 5 × 8 拍、6 × 8 拍、7 × 8 拍、8 × 8 拍一次。

1~4　　　　　　　　　　5~8

图　4 – 57

三、组合练习三

13 × 8 拍（见图 4 – 58）：

第 1 ~ 2 拍，右脚绷脚尖擦地出去，同时向前移重心成右脚直立，左脚后点地（柔软步），双手置于体侧，头看右侧。

第 3 ~ 4 拍，同第 1 ~ 2 拍，方向相反。

第 5 ~ 8 拍，一拍一动柔软步。

1   2

图　4－58

14×8拍（见图4－59）：

第1~4拍，右转45°面向右前方，右腿经前举向前上一大步。左腿经屈膝半蹲向右脚并一步成两脚起踵立，两臂经侧后举绕至上举（三位），上体经挺胸抬头至含胸低头，接着上体直立，收腹，立腰，目视前上方。

1   2   3

图　4－59

第5~8拍，左腿屈膝半蹲，右腿前伸脚尖点地，两臂前举（二位），
上体前屈，臀部后坐，挺胸抬头，目视前方。

15×8拍（见图4-60）：

第1拍，左手体侧波浪，右手从左侧至上举。

第2拍，双手小波浪，同时双脚起踵立。

第3~4拍，向左侧碎步快速移动，双手在左侧小波浪。

第5~8拍，起踵立同时转体360°，双手一拍一动上下大波浪，眼看
下伸的手。

图 4-60

16 × 8 拍（见图 4 - 61）：

第 1 ~ 2 拍，右脚前点地，左脚直立，双手左六位手。

第 3 ~ 4 拍，右脚后点地，左脚直立，双手右六位手。

第 5 拍，右脚在前的足尖步，双手直臂摆动。

第 6 拍，左脚在前的足尖步，双手直臂摆动。

第 7 ~ 8 拍，同第 1 ~ 2 拍。

1~2 5 6

图　4 - 61

四、组合练习四

17 × 8 拍：

同 16 × 8 拍，方向相反。

18 × 8 拍（见图 4 - 62）：

第 1 拍，左脚从左侧屈脚，右脚屈膝立，双手从左侧绕环。

第 2 拍，左脚起踵直立，右收腿，双手绕环至右上举，下旁腰。

第 3 ~ 4 拍，左脚向左侧一步成左弓步，双手臂侧上举。

第 5 拍，双手臂侧波浪，同时带动上体下压一次。

第 6 拍，同第 5 拍。

第 7 ~ 8 拍，右脚收回至左脚后面成双屈膝，双手经胸前屈肘，内绕环至上举，右手微屈肘，左手直臂在上。

以上组合可根据个人喜好，配上四拍子的音乐（如《窗外》等）完成，增加趣味性和表演的感染力，会获得更好的效果。

图 4－62

19×8拍、20×8拍、21×8拍、22×8拍、23×8拍、24×8拍：

同13×8拍至18×8拍，重复一次，最后是结束姿势。（见图4－63）

7～8   结束姿势

图　4-63

练　习　题

1. 复习形体训练基本动作，熟练掌握基本组合练习。
2. 基本学会形体舞蹈组合，注重日常体态与姿势。

本章主要参考文献

［1］高丽娟：《健身形体舞入门教程》，广州，广东科技出版社，2005。

［2］黄晓丽：《形体训练与健美》，长沙，湖南师范大学出版社，2007。

［3］单亚萍：《形体艺术训练》，杭州，浙江大学出版社，2004。

第五章

芭　蕾

BALEI

动作、举止使容貌具有某种确定性。一个人的容貌按常规和举止相一致，它能够把心灵的某些令人愉快的品质的效果和肉体的品质结合起来。

——柏克

学习目标

- 熟练掌握芭蕾的基本手位和脚位
- 正确掌握站立和蹲的动作基本要领，认真把握训练站立和蹲的基本把杆练习方法
- 掌握擦地与踢腿练习的动作要领与练习方法
- 基本掌握芭蕾形体训练组合练习

芭蕾（Ballet）是一种起源于意大利的舞剧，用音乐、舞蹈和哑剧来表演戏剧情节。古典芭蕾以女演员用足尖点地作舞为主要特征。后盛行于法国和俄罗斯，至今已有300多年的历史。芭蕾非正式进入我国大约在20世纪30年代，50年代我国聘请苏联一批有名望的芭蕾专家到北京舞蹈学校任教，培养出我国第一批有扎实基本功的芭蕾演员。40多年来，我国芭蕾教育工作者努力探索，取得了迅速发展和丰硕的成果。

随着社会的进步，近年来芭蕾业余教育正在蓬勃发展，人们意识到芭

蕾不仅在人的形体健美上、手脚灵巧敏捷上、步履轻盈上有着特殊的作用，同时在培养人的思想、品德、修养、情操、仪表、礼节以及艺术品位、鉴赏能力等方面都有不可忽视的作用。为此，在接受高等教育的同时，能接受正规的芭蕾教育，对每个学生来说，在心理和生理上都是完美无缺的。

芭蕾以其独特的舞蹈形式来展示人体优美的线条，动作流畅，舞姿多变，造型流动，技艺精湛。几百年来，芭蕾形成了一套规范、严谨、科学的训练方法。芭蕾训练中常出现开、绷、直、立四个字，这四个字始终贯穿在芭蕾训练之中，所有的动作必须在开、绷、直、立的基础上完成，所以我们称为芭蕾的基本元素，也是芭蕾的特征之一。芭蕾训练中有规范的手位和脚位，手的基本位置包括一位、二位、三位、四位、五位、六位和七位；脚的基本位置包括一位、二位、三位、四位和五位。用规范的手位和脚位，通过头、手、身体各部位的协调配合，塑造完美的体态和优雅的气质。

第一节
芭蕾基本手位与脚位

一、芭蕾舞姿——芭蕾手位

学习手的位置之前必须学好手的形态：大拇指尖要轻轻地碰到中指的指根处，其他的手指稍弯一些挨在一起放好。这种形态只是在初学时才要求这样做。因为那时学生还不能有意识地支配、控制自己的动作，因而手指容易紧张。以后，手的形态变得比较自然，大拇指不必碰中指，而是朝向手心即可。

我国至今沿用的是下面介绍的七个手位：

一位手：手自然下垂，胳膊肘和手腕处稍圆一些。手臂与手成椭圆形，放在身体的前面，手的中指相对，并留有一拳的距离。（图5-1）

二位手：手保持椭圆形，抬到横膈膜的高度（上半身的中部，腰以上，胸以下的位置）。但在动作过程中，要注意保持胳膊肘和手指这两个支撑点的稳定。（图5－2）

三位手：在二位的基础上继续上抬，放在额头的前上方，不要过分向后摆，三位手就像是把头放在椭圆形的框子里。（图5－3）

图 5－1　　　　　图 5－2　　　　　图 5－3

四位手：左手不动，右手切回到二位，组成四位。它已是舞姿了。（图5－4）

五位手：左手不动，右手保持弯度成椭圆形。从手指尖开始慢慢向旁打开。在打开过程中胳膊肘和手指两个支撑点要保持在一个水平面上。手要放在身体的前面一点，不要过分向后打开，起到一个延续双肩线条的作用。（图5－5）

六位手：右手不动，左手从三位手切回到二位，组成六位，形成舞姿。（图5－6）

图 5－4　　　　　图 5－5　　　　　图 5－6

七位手：右手不动，左手打开到旁边，双手相同地放在身体的两边。（图5－7）

结束：双手从七位（手心朝前）画一个小半圈，手心朝下，向两边伸长后，胳膊肘先弯曲下垂，逐渐收回到一位。（图5－8）

图 5－7　　　　　　　　　　　图 5－8

二、芭蕾舞姿——芭蕾脚位

芭蕾脚位的站法有五种位置。双脚站在一位至五位任何一个位置上，脚掌均要平铺地面，脚掌与脚趾舒展开，五个脚趾平分重心，全脚受力均衡。对于初学者来讲，踝关节有多大的自然度脚就站多开。

第一位：两脚跟紧靠在一直线上，脚尖向外180°。（图5－9）

（正面）　　　　　　　　　　　（侧面）

图 5－9

第二位：两脚跟相距一足的长度，脚部向外扭开，两足在一直线上。（图5－10）

（正面）　　　　　　　　　　　　（侧面）

图　5－10

第三位：两脚跟前后重叠放置，足尖向外张开。（图5－11）

（正面）　　　　　　　　　　　　（侧面）

图　5－11

第四位：两脚前后保持一足的距离，两足趾踵相对成两直线，腿向外转。（图5－12）

（正面）　　　　　　　　　　　　（侧面）

图　5－12

第五位：两脚前后重叠，两足趾踵互触，腿向外转。（图5－13）

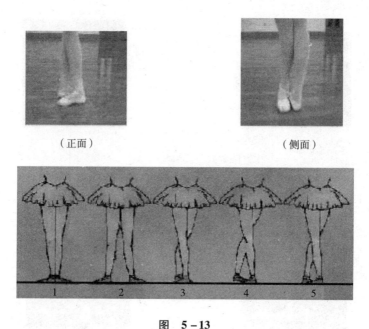

（正面）　　　　　　　　　　　　　　（侧面）

图　5－13

第二节
站立、蹲的练习

一、芭蕾舞人体的站姿及对人体各部位的要求

　　人体正确的站立姿势在芭蕾舞练习中是十分重要的，只有感受并掌握了基本要领，有一个挺拔而直立的体态，才能准确、完美地完成芭蕾舞练习的一系列动作，从而达到良好的效果。正确的站立姿势可以锻炼肌肉的用力感，锻炼对身体重心的控制，提高平衡能力，增强身体的控制能力，均匀协调地发展肌肉，促进身体曲线完美。

　　芭蕾舞练习中对人体各部位的要求：

1. 对头部的要求。在练习过程中，头部保持自然的正直，双眼平视前方，不要向前伸颈探头，也不要缩下巴，舞蹈时头部要自然松弛地与每个动作和谐、自如地配合。头部与身体配合的基本规律是：在单手扶把杆做动作时，把杆外侧的腿向前伸出时头部转向把杆外侧45°，出旁腿时头部向正前方，出后腿时头部转向把杆内侧45°（或转向把杆外侧45°）；靠把杆较近的里腿向前或向后伸出时，头部均转向把杆外侧45°。在中间做动作时，身体向正前方，如果脚站五位，头部转向前脚一侧的45°；如果动力脚向后擦出，头部转向主力脚一侧的45°。另外头部与视线还要注意随着手臂的运动路线而运动。

2. 对颈部的要求。对于芭蕾舞练习者来说，颈部美是极其重要的，修长的颈部给人一种美的视觉感受。在练习中颈部要自然放松，有松弛、自然延伸的感觉。

3. 对肩部的要求。肩部在练习中的状态十分重要，肩部的松弛、舒展会使舞蹈动作轻松、大方、潇洒。练习中双肩要自然向下放松，双肩展开，不要耸肩或向前抠胸。

4. 对胸部的要求。挺胸抬头是训练中对人体上身的基本要求，在练习中要自然挺胸，双肩平展，不要向前抠胸，呼吸均匀、自然流畅。在练习中为了身体挺拔，虽然要求收腹提气，但不能因此而使胸部憋气。

5. 对背部的要求。前胸与后背是一体的，挺胸的同时就会使后背垂直。在练习中后背要垂直挺拔，有向外扩展的感觉，脊椎骨向上拉长、延伸，后背肌向脊椎骨方向收拢，不要驼背。

6. 对腹部的要求。挺胸收腹是芭蕾舞练习中人体的基本站立姿态，只有在此状态下，才能锻炼出优美的形体与舞姿。练习中腹部向里收平，不要向外凸出，也不要向里凹进去。

7. 对腰部的要求。腰部是连接上下身的关键部位，对此部位的练习至关重要，弹跳与旋转等的练习均与此密不可分。训练中腰部要挺立，不要塌腰，将腰部收紧向上提起和背部保持垂直的状态。

8. 对臀部的要求。收紧臀大肌，在向上提起臀部的同时要向前推，和腰部、背部在一个平面上。

9. 对胯部的要求。胯部的稳定在练习中起着十分重要的作用，无论是扶把还是在中间做动作，无论是地面动作还是空中动作或旋转动作，都要在胯部稳定的状态下来完成。身体不论向哪个方向站立或运动，两胯都要向身体的正前方，尤其是在做动作的过程之中，并且在动作的过程中两胯始终要保持在同一水平线上。另外练习中胯部要向上提起。

10. 对腿部的要求。对腿部的训练是芭蕾舞练习的关键与重点，大量的训练内容都体现在腿部，腿部练习方法的正确是完成一切动作的基础。练习中小腿、膝盖、大腿等部位向上提起，膝关节伸直，双腿内侧肌肉并拢，动作中整个腿部向外打开。

11. 对脚部的要求。对脚部的练习是十分重要的，它是完成一切基础动作的焦点，练就一双强有力而"会说话"的脚是芭蕾舞练习的重要目标。练习中双脚平均地支撑人体重量，保持人体重心的垂直。在做动作的过程中，要紧绷脚背，并且有向远方无限延伸的感觉。

在练习中首先要学会身体局部的规范要求，再把以上身体各部位的规范要求协调起来练习，做到统一、协调，不顾此失彼。

二、蹲的动作要领

蹲分半蹲和全蹲，蹲在脚的五个位置上都可以完成。蹲主要是通过膝关节在不同的脚位上做各种不同节奏的快和慢的半蹲和全蹲，以锻炼膝关节的柔韧性和腿部的肌肉。蹲是训练中重要的一部分，通过蹲的训练能使人轻松地腾空而起，轻盈落地，屈伸有力，富有弹性。半蹲也叫小蹲，是在保持人体基本形态的基础上，两膝逐渐下蹲，蹲到脚腕与脚背有挤压感，跟腱略有一点紧张的位置。全蹲也叫大蹲，是在半蹲的基础上继续往下蹲，脚跟可以略微抬起一点，蹲到底，臀部不能坐在脚后跟上，保持开度和后背挺直。

三、训练提示

练习时肩膀放松，呼吸顺畅，收腹收臀，立腰，保持后背的挺拔，下蹲和直起时腿部肌肉要有控制，慢蹲慢起。

四、把杆训练组合（一）

音乐：4/4拍，慢速，流畅地

［过门］

准备：双手扶把，双眼平视前方，正步。（图5-14）

［一］1~4呼吸一次，回到正步直立；5~8保持直立状态四拍。（图5

－14）

　　［二］1~4呼吸一次，起身直立同时头转到右面25°斜上方向；5~8保持身体状态四拍。（图5－15、图5－16）

图　5－14　　　　　图　5－15　　　　　图　5－16

　　［三］1~4呼吸一次，起身直立同时头转到左面25°斜上方向；5~8保持身体状态四拍。（图5－17、图5－18）

　　［四］1~4呼吸一次，回到直立状态，双眼平视前方；5~8保持身体状态，双脚打开成一位。（图5－19、图5－20）

图　5－17　　　　　图　5－18　　　　　图　5－19

　　［五］1~4上身直立，半蹲一次，两拍一动；5~8重复1~4的动作一次。（图5－21、图5－22、图5－23）

图 5－20

图 5－21

图 5－22

［六］1~4上身直立，大蹲往下，开胯，脚跟离地；5~8先落脚跟，收腿起身直立。（图5－24、图5－25）

图 5－23

图 5－24

图 5－25

［七］1~4保持直立，立半脚尖一次，两拍一动；5~8重复1~4的动作一次。（图5－26）

［八］1~8保持直立，立半脚尖三次，一拍一动、7~8拍左脚打开到二位。（图5－26、图5－27）

［九］~［十二］在二位位置上重复完成［五］~［八］的动作，最后两拍回到一位位置。

［结束］一位立半脚尖，双手脱把，保持直立状态至音乐结束。（见图5－28）

图 5-26

图 5-27

图 5-28

五、把杆训练组合（二）

音乐：4/4 拍，慢速，抒情地

［过门］1~4 右手单手扶把，左手一位，双脚成一位准备；5~8 左手从下经二位后至七位。（图 5-29、图 5-30）

图 5-29

图 5-30

［一］1~4 一位半蹲一次，同时左手从七位往下经二位后回到七位；5~8 一位半蹲一次，同时左手从七位往上经三位后回到七位。（图 5-31、图 5-32、图 5-33）

图 5－31   图 5－32   图 5－33

［二］1～8 一位大蹲一次，同时左手从七位往下经二位后回到七位，四拍下四拍上。（图5－34、图5－35、图5－36）

图 5－34   图 5－35   图 5－36

［三］1～4 双腿直立，上身向前下腰至贴住腿的位置，左手随身体向前向下三位位置；5～8 保持双腿直立，上身起回至直立状态，左手保持三位位置。（图5－37、图5－38、图5－39）

［四］1～4 双腿直立，上身向后下腰，左手随身体向后在三位位置；5～6 保持双腿直立，上身起回至直立状态，左手保持三位位置；7～8 左脚打开至二位，同时左手回到七位位置。（图5－40、图5－41、图5－42）

图　5－37　　　　　　图　5－38　　　　　　图　5－39

图　5－40　　　　　　图　5－41　　　　　　图　5－42

　　［五］1～8 二位大蹲一次，四拍下左手到二位，四拍上左手回到七位。
（图 5－43、图 5－44）

图　5－43

图　5－44

〔六〕1～8重复〔五〕的动作一次。

〔七〕1～4双腿保持二位直立，身体随左手向外伸展，眼睛看左手；5～8双腿保持二位直立，身体收回向右侧下旁腰，左手随身体在三位位置做延伸状，眼睛看右下方。(图5－45、图5－46)

图 5－45   图 5－46

〔八〕1～8方向相反，完成〔七〕动作一次；最后两拍收左脚至双脚5位位置。(图5－47、图5－48、图5－49)

图 5－47   图 5－48   图 5－49

〔九〕～〔十二〕在五位位置上完成〔一〕～〔四〕的相同动作一遍；最后两拍双脚至四位位置。(图5－50、图5－51、图5－52)

图 5－50　　　　　图 5－51　　　　　图 5－52

[十三]～[十四]在四位位置上完成[五]～[六]的相同动作一遍。(图5－53、图5－54、图5－55)

图 5－53　　　　　图 5－54　　　　　图 5－55

[十五]1～4四位下蹲同时左手至二位；5～8起身直立的同时移重心至左腿，右腿直腿后点地，左手至二位向前延伸。(图5－56、图5－57、图5－58)

[十六]1～4重复[十五]1～4动作；5～8起身直立的同时移重心至右腿，左腿直腿前点地，左手至七位。(图5－59)

[结束]收左脚回至一位，同时左手收回一位。(见图5－60)

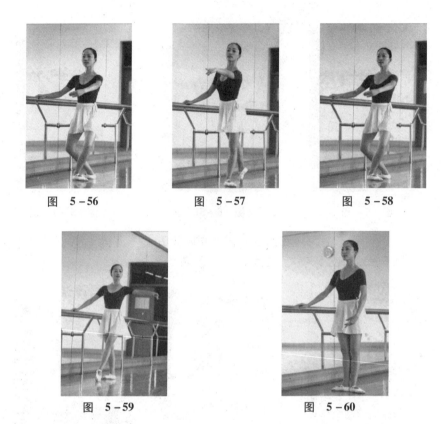

图 5−56   图 5−57   图 5−58

图 5−59   图 5−60

第三节
擦地练习

一、动作要领

擦地练习可以在一位脚或五位脚的位置上向前、向旁、向后方向做。擦地主要通过擦地绷脚背，立脚趾，整条腿向远向下延伸，伸展整条腿的肌肉，然后收回。通过擦出收回的不断运动来锻炼腿部力量，尤其是踝关节和脚趾的力量。

向旁擦地时，一条腿支撑并固定好重心，另一条腿向旁沿地面擦出，同时脚跟渐渐离地推起脚背，在不影响支撑腿重心的情况下，动力腿尽可能向远伸展，脚掌点地，将脚背推至最高点。然后再将脚趾向远伸展立起，用脚趾轻轻点地后再依次收回原位。

向后擦地时，一条腿支撑并固定好重心，另一条腿保持与支撑腿平行状态沿地面向后擦出，同时脚跟渐渐离地推起脚背，在不影响支撑腿重心的情况下，动力腿尽可能向远延伸，脚掌点地，将脚背推至最高点。然后再将脚趾向远伸展立起，用脚的大趾外侧点地，然后再依次收回原地。

二、训练提示

练习时肩膀放松，呼吸顺畅，收腹收臀，立腰，保持后背的挺拔，擦地时保持腿部肌肉的收紧，整个过程中要很好地控制力度。

三、把杆训练组合（一）

音乐：2/4拍，中速，平稳地

［过门］双手扶把，眼睛平视前方，双脚一位准备。（图5-61）

图　5-61

［一］1~4 一位半蹲一次，两拍一动；5~8保持身体直立状态，右脚向旁擦地一次，两拍一动；经二位半蹲后换脚。（图5-62、图5-63、图5-64）

图　5-62

图　5-63

图　5-64

　　[二] 1~2 右脚向旁擦地；3~4 右脚在擦地位置落全脚着地，移重心至身体中间同时半蹲至二位蹲的位置；5~6 起身直立的同时移重心至右腿，左腿直腿成二位旁点地；7~8 收左腿回至一位直立状态。（图 5-65、图 5-66、图 5-67、图 5-68）

图　5-65　　　　　　　　图　5-66　　　　　　　　图　5-67

　　[三] 1~4 保持身体直立，右脚前擦地一次，同时眼看二点斜上方向，两拍一动（见图 5-69、图 5-70）。5~8 保持身体直立，右脚旁擦地一次，同时眼看一点方向，两拍一动（见图 5-71、图 5-72）。

图　5-68　　　　　　　　图　5-69　　　　　　　　图　5-70

图 5 - 71

图 5 - 72

〔四〕1~2 保持身体直立，右脚向后擦出；3~4 保持前一脚位，上身向后下胸腰，眼看三点方向；5~6 保持前一脚位，起身回到上身直立状态；7~8 右脚擦地收回到一位准备状态。（图 5 - 73、图 5 - 74、图5 - 75）

图 5 - 73

图 5 - 74

图 5 - 75

〔五〕~〔八〕动作同〔一〕~〔四〕，方向相反，重复完成一次。

〔结束〕双手脱把回至一位，收。

四、把杆训练组合（二）

音乐：6/8，中速，活泼地

〔过门〕右手单手扶把，左手从七位经一位到七位再经二位回到七位，

左脚前五位准备，三拍一动。（图5－76、图5－77）

图 5－76　　　　　　　　　　　图 5－77

[一] 1（23）右腿半蹲，左腿向前擦地至直腿点地，左手保持不动；2（23）左腿收回至五位直立状态；3（23）左腿半蹲，右腿向后擦地至直腿点地，左手保持不动，眼看右后方；4（23）右腿收回至五位直立状态。（图5－78、图5－79、图5－80、图5－81）

图 5－78　　　　　图 5－79　　　　　图 5－80

5（23）右腿半蹲，左腿向旁擦地至直腿点地，左手保持不动。（图5－82）

图 5-81　　　　　　　　　　图 5-82

6（23）收左腿至五位，同时完成五位立半脚尖转身360°一次。（图5-83、图5-84、图5-85）

图 5-83　　　　　　图 5-84　　　　　　图 5-85

7（23）落脚跟同时五位向下半蹲。8（23）起身回到五位直立准备状态。（图5-86、图5-87）

［二］完成旁擦地七次，第七次向旁擦出后，第八次收腿回至五位直立准备状态，三拍一动。

［三］～［四］除1～4的动作与［一］1～4的动作相同、方向相反外，其余动作同［一］～［二］的动作，重复完成一遍。

［结束］五位蹲一次，左手回至一位，收。（图5-88）

图 5－86　　　　　图 5－87　　　　　图 5－88

第四节
踢腿练习

一、动作要领

踢腿练习一般包括小踢腿和大踢腿。小踢腿是在擦地基础上向空中踢出 25°稍作停留。小踢腿动作有一定的爆发力，比擦地动作速度增快，力度增大，有很好的训练价值。大踢腿的要领与小踢腿基本一致，要有力度和速度。不同之处是小踢腿在踢出 25°之后要停顿不动，而大踢腿在基本形态规范的条件下可以尽量向高处踢。

二、训练提示

练习时肩膀放松，呼吸顺畅，收腹收臀，立腰，保持后背的挺拔，踢腿时保持腿部肌肉的收紧，动作要富有弹性，整个过程中要很好地控制力度。

三、把杆训练组合（一）

音乐：2/4 拍，中速，跳跃地

[过门] 右手单手扶把，左手从七位经一位到七位再经二位回到七位，左脚前五位准备，两拍一动。（图 5 - 89、图 5 - 90）

[一] 1～8 保持身体状态，左腿向前小踢腿两次，两拍一动（见图 5 - 91）。

图 5 - 89

图 5 - 90

图 5 - 91

[二] 1～2 左腿向前小踢腿；3～4 左腿直腿点地一次；5～8 收左腿回至五位直立。（图 5 - 92、图 5 - 93、图 5 - 94）

图 5 - 92

图 5 - 93

图 5 - 94

[三] 1～8 左腿向旁小踢腿两次，两拍一动。（图 5 - 95）

[四] 1～8 移重心至左腿，右腿做前后交替小踢腿七次，一拍一动，

最后一拍收腿回至五位直立。（图5-96、图5-97）

图 5-95　　　　　图 5-96　　　　　图 5-97

［五］～［六］动作同［一］～［二］，左腿向后小踢腿完成动作。
（图5-98）

［七］～［八］重复完成［三］～［四］的动作一遍。

［结束］五位蹲一次，左手回至一位，收。（图5-99）

图 5-98　　　　　　　　　图 5-99

四、把杆训练组合（二）

音乐：2/4拍，中速，弹跳地

［过门］1～8右手单手扶把，左手从七位经一位到七位再经二位回到
七位，左脚前五位准备，两拍一动。（图5-100、图5-101）

图 5－100   图 5－101   图 5－102

［一］1~8 保持身体姿态，左腿悠腿四次，两拍一动，最后一次左腿至后点地位置。（图 5－102、图 5－103、图 5－104、图 5－105）

图 5－103   图 5－104   图 5－105

［二］1~8 左腿从点地位经擦地向前大踢腿两次，四拍一次。（图 5－106）

［三］～［四］重复［一］～［二］动作一遍，最后一拍左手收至胸前按掌位置。

［五］～［六］左腿向旁大踢腿四次，两拍一动，最后一次收回向右转体45°，面向把杆双手扶把，左脚前点地。（图 5－107）

［七］1~8 双手扶把右腿向后大踢腿四次，两拍一动，眼睛平视前方。

［八］1~8 动作同［七］，同时加上身的向后下腰，身体呈两头翘，四拍一次做两次。（图 5－108）

［结束］双手脱把回至一位，脚回一位，收。（图 5 – 109）

图　5 – 106

图　5 – 107

图　5 – 108

图　5 – 109

第五节
芭蕾形体练习

一、动作要领

芭蕾形体练习是在以上基本训练的基础上，将动作以组合形式编排，通过头、四肢、身体的配合来锻炼协调性和表现能力。动作的完成要做到舒展、流畅、协调和完整。

二、训练提示

练习时肩膀放松，呼吸顺畅，收腹收臀，立腰，保持后背的挺拔，踢腿时保持身体肌肉的收紧，动作要具有协调性、舒展性和表现性。

三、把杆训练组合

音乐：2/4 拍，中速，舒展地

[过门] 1~8 右手单手扶把，左手从七位经一位到七位，双脚大八字位准备，两拍一动。

[一] 1~4 右手不变，左手到一位，保持身体直立和手位四拍；5~8右手和身体姿态同上，左手到二位保持四拍。

[二] 1~8 右手和身体姿态同上，左手到三位保持八拍。（图 5-110、图 5-111、图 5-112）

图 5-110　　　　　图 5-111　　　　　图 5-112

[三] 1~4 右手和身体姿态同上，左手手心向上直臂向下至侧平举位置；5~8 右手和身体姿态同上，左手在侧平举位翻掌提腕然后落下回至一位。（图 5-113、图 5-114、图 5-115）

图 5-113　　　　　　图 5-114　　　　　　图 5-115

[四] 1~4左手从下做一次后向前的大抡臂，同时全身做一次从下至上的波浪。（图5-116、图5-117、图5-118、图5-119）

图 5-116　　　　　　图 5-117　　　　　　图 5-118

5~8立半脚尖同时左手向上至三位，保持直立状态四拍。（图5-120）

[五] 1~4左脚打开至二位同时左手向左侧平举伸展，掌心向上。（图5-121）

图　5 – 119　　　　　　　　图　5 – 120　　　　　　　　图　5 – 121

5~8 保持脚位，左手从侧平举经上向右在体前做一次抡臂至左斜上举，同时身体随手做一次左右平行的波浪然后移重心至左脚，右脚点地，眼看左手。（图 5 – 122、图 5 – 123、图 5 – 124、图 5 – 125）

图　5 – 122　　　　　　　　图　5 – 123　　　　　　　　图　5 – 124

［六］1~8 动作同［五］，反方向重复一遍。

［七］1~2 收左腿回至左脚前五位，同时左手回至一位；3~4 左手向前平举伸展，同时左腿向正前方伸出直腿点地，右腿屈膝。（图 5 – 126、图 5 – 127）

5~8 左手经上向后做一次大抡臂回到原位，同时左腿直腿向后画圈至直腿后点地，右腿为前弓步。（图 5 – 128、图 5 – 129）

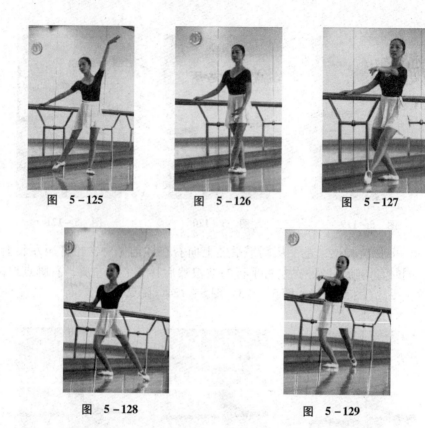

图 5－125 　　　　　图 5－126 　　　　　图 5－127

图 5－128 　　　　　　　　图 5－129

〔八〕1～8收左腿至左脚后五位，然后立半脚尖并向右自转一周，同时左手随身体落下回一位。（图5－130、图5－131）

图 5－130

图 5－131

［九］反面，左手扶把重复［一］～［八］动作一遍。

［结束］左手脱把回至一位，脚回一位，收。

第六节
办公室实用形体训练

一、训练目的

基于金融行业员工的工作特性，通过一系列办公室实用形体练习，以达到缓解身体的疲劳感，矫正不良姿态，规范体态，培养良好的身体形态的目的。

二、训练提示

由于办公室空间和环境的条件限制，我们在训练过程中不求动作的幅度性，要求把注意力重点放在每个动作针对的身体部位上，充分利用有限资源，循序渐进，坚持训练，以达到有效的训练目的。

三、训练方法

第一部分：头部、肩部、胸部的练习

准备姿势：于办公椅 2/3 的位置端坐，上身保持挺直，双脚正步位平放，双手自然垂于身体两侧。（图 5－132）

［一］1～8 头部向下低垂后抬起并向后仰头，两拍一动做四次。（图 5－133、图 5－134）

［二］1～8 头部向左右两侧摆动，拉伸头颈部左右两侧的韧带，两拍一动做四次。（图 5－135、图 5－136）

［三］1～8 头部做水平 90° 的左右转动，两拍一动做四次。（图 5－137、图 5－138）

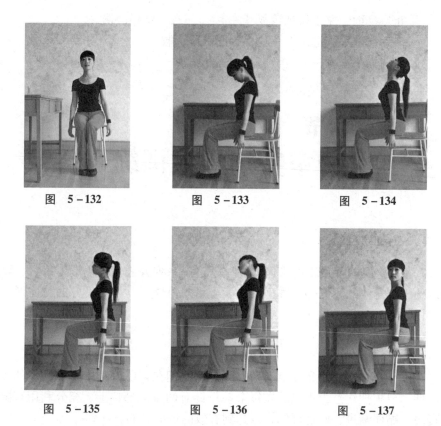

图　5－132　　　　　　图　5－133　　　　　　图　5－134

图　5－135　　　　　　图　5－136　　　　　　图　5－137

[四] 1~4 头部做右—后—左—前的绕环；5~8 相反方向做一次。（图 5－139、图 5－140、图 5－141、图 5－142、图 5－143）

图　5－138

图　5－139

图　5－140

图　5－141

图　5－142

图　5－143

［五］～［六］双肩同时向上提起到最高点，后向下自然沉下，两拍提、两拍沉，各做四次。（图5－144、图5－145）

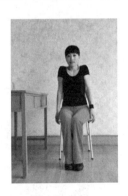
图　5－144

图　5－145

［七］～［八］双肩做向后的绕转和向前的绕转，两拍一动，各做四次。（图5－146、图5－147）

［九］1～2双手抱头，低头含胸，同时双手肘部向前合拢；3～4打开双肘，同时抬头挺胸；5～8反复1～4的动作。（图5－148、图5－149）

［十］重复［九］的动作一次。

［十一］1～4双手直臂向后背抓住椅背上端，保持姿态四拍；5～8在前一姿态基础上胸腰向前顶同时仰头，保持姿态四拍。（图5－150、图5－151）

图 5－146

图 5－147

图 5－148

图 5－149

图 5－150

图 5－151

［十二］1~8重复［十一］的动作一次。

第二部分：腰部、腹部、背部的练习

准备姿势：于办公椅2/3的位置端坐，上身保持挺直，双脚正步位平放，双手自然垂于身体两侧。（图5-152）

［一］1~4在准备姿势的基础上保持胯部以下部分不动，上身向右转动左手放于右大腿外侧，右手向后伸展抓住椅背上端，保持姿态四拍；5~8在准备姿势的基础上保持胯部以下部分不动，上身向左转动右手放于左大腿外侧，左手向后伸展抓住椅背上端，保持姿态四拍。（图5-153、图5-154）

图 5-152　　　　　图 5-153　　　　　图 5-154

［二］1~8重复［一］的动作一次。

［三］1~2在准备姿势的基础上保持胯部以下部分不动，身体向右侧弯曲，同时左手臂在耳侧向上伸展，拉伸左旁腰；3~4还原准备姿态；5~6身体向左侧弯曲，同时右手臂在耳侧向上伸展，拉伸右旁腰；7~8还原准备姿态。（图5-155、图5-156）

图 5-155　　　　　　　　图 5-156

［四］1~8 重复［三］的动作一次。

［五］1~8 双手扶住椅垫两侧准备，双腿分别做向上的屈腿提，同时上身做向前倾斜，以膝盖碰住胸部为标准，两拍一动做四次。（图5-157、图5-158）

图 5-157　　　　　　　　　　图 5-158

［六］1~8 双手扶住椅垫两侧双脚正步平放准备，以双手为支撑向上抬起臀部然后还原到坐姿，两拍一动做四次。（图5-159、图5-160、图5-161）

图 5-159　　　　　　图 5-160　　　　　　图 5-161

［七］1~4 双手平放于双腿上准备，上身向前倾斜至水平位置，拉长背部伸展脊柱；5~8 以头部为点，带动上身向远、向上伸展，同时慢慢抬

起上身。（图5－162、图5－163、图5－164、图5－165、图5－166）

图　5－162　　　　　　　图　5－163　　　　　　　图　5－164

图　5－165　　　　　　　　　图　5－166

　　[八] 1～8重复[七]的动作一次。

第三部分：腿部练习

　　准备姿势：于办公椅2/3的位置端坐，上身保持挺直，双腿屈膝绷脚背以脚尖点地，双手自然垂于身体两侧。（图5－167）

　　[一] 1～8以准备姿势为基础双腿分别做直腿上抬，两拍一动做四次。（图5－168、图5－169）

图 5－167　　　　　图 5－168　　　　　图 5－169

〔二〕1～8 重复〔一〕的动作一次。

〔三〕1～8 双手扶住椅垫两侧，双腿向前伸直准备，双腿直腿同时向上抬起 25°后还原，注意腿部和脚背的绷直，两拍一动做两次。（图 5－170、图 5－171）

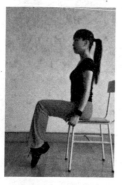
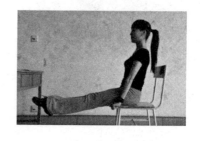

图 5－170　　　　　　　　　　　　图 5－171

〔四〕1～8 重复〔三〕的动作一次。

第四部分：全身练习

1. 滚动步练习。单手扶住椅背为支撑，另一手叉腰准备，先以单脚推脚背至立半脚尖状态，然后另一脚推脚背至立半脚尖状态，同时压前一脚还原到全脚着地状态，依次轮换进行，形成滚动步。注意收紧腹部和腿部肌肉，保持上身挺直。（图 5－172、图 5－173、图 5－174）

图 5-172　　　　　图 5-173　　　　　图 5-174

2. 半脚尖蹲起练习。单手扶住椅背为支撑，另一手叉腰准备，保持上身直立状态向下做全蹲动作，蹲时双脚全脚掌着地。起立时先起脚跟，在半脚尖状态下站直身体，然后重复进行。动作过程中注意收紧腹部肌肉和用好腿部肌肉的力量。(图 5-175、图 5-176、图 5-177、图 5-178)

3. 放松练习。双手扶住椅背，正步位直立准备。(图 5-179)

图 5-175　　　　　图 5-176　　　　　图 5-177

图 5-178　　　　　　　图 5-179

[一] 1~4 低头含胸并吐气，上身放松；5~8 抬头挺胸并吸气，上身挺直。（图5-180、图5-181）

图 5-180

图 5-181

[二] 1~8 重复 [一] 的动作一次。

[三] 1~4 左手扶凳右手在耳侧向上伸展，向左弯腰伸展右旁腰；5~8 保持姿态四拍。（图5-182）

[四] 1~8 动作同 [三]，相反方向重复一次。（图5-183）

图 5-182

图 5-183

[五] 1~8 成右弓步姿态，向下压伸展腿部并放松跟腱，一拍一动做八次。（图5-184）

[六] 1~8 动作同 [五]，方向相反重复一次。（图5-185）

图 5－184　　　　　图 5－185　　　　　图 5－186

[七]1～4 身体直立，吸气，同时双手侧上举至身体斜上方；5～8 吐气，同时双臂下垂还原到身体两侧。（图 5－186、图 5－187、图 5－188、图 5－189）

图 5－187　　　　　图 5－188　　　　　图 5－189

[八]1～8 重复[七]的动作一次。

练 习 题

1. 反复练习芭蕾基本手位与脚位，并熟记。

2. 上班时间要坚持做办公室形体操，有针对性地锻炼自己需要加强的身体部位。

3. 在休闲的时间内坚持形体组合练习，每次运动时间在 30 分钟以上。

本章主要参考文献

［1］李永明：《芭蕾舞及教学研究》，北京，人民教育出版社，2007。

［2］蒙小燕：《芭蕾舞教学法》，北京，中央民族大学出版社，2006。

［3］马宁：《舞蹈与形体美——芭蕾舞》，北京，北京环球音像出版社，2007。

［4］孟广城、杨越、许广彬等：《青年芭蕾形体训练》，北京，北京环球音像出版社，2004。

［5］周瑾：《女子形体训练》，南京，南京音像出版社，2006。

第六章

金融行业员工时尚健身美体术

JINRONG HANGYE YUANGONG
SHISHANG JIANSHEN MEITISHU

人体以它的生动、柔和的线条和轮廓，有力的体魄和匀称的形态，滋润、光泽、透明的色彩成为大自然中最完美的一部分，标志着我们这个星球上最高级生命的尊严。

——朱光潜

学习目标

- 懂得瑜伽健身的基本原理，掌握基本的瑜伽健身手段与方法
- 掌握有氧健身操的特点和基本组合练习
- 学会并掌握常用的几种舞步

随着我国经济的快速发展，人们生活水平的日益提高，在富裕起来的今天，健康成了现代人生命中最重要的追求，拥有健美的身体更是现代人的梦想。作为白领阶层的金融行业员工，同样需要以时尚的健身美体手段来强身健体，美化自己良好的职业形象及提升自己的生活品质。根据金融行业员工的工作特点，并结合当代流行的健身美体手段与方法，我们主要介绍现代流行的健身美体活动，供金融行业员工锻炼，以达到理想的效

果，同时为特殊体型的纠正提供了一些练习方法和手段。

第一节
瑜伽

一、什么是瑜伽

瑜伽起源于印度，流行于世界，是东方最古老的强身术之一。瑜伽的修持方法，能把散乱的精神集中并使之平静下来。瑜伽修炼首先着眼于身体的强健，然后要求身心融合为一。在此基础上，引导修持者进入无上完美的境界。在瑜伽修炼过程中，修持者逐渐深化自己的内在精神，从外到内，从感觉到精神、理性，而后到意识，最后把握自我同内在的精神融合为一，达到天人合一。当瑜伽的修持者在深沉的静坐中进入最深层次时，就会觉醒人生自性与生命的至善境界，从而获得个体意识与宇宙意识的结合，唤醒内在沉睡的能量，得到最高开悟和最大愉悦。

瑜伽是一种很好的通往健康的锻炼方式。瑜伽中的弯、伸、扭、挤、推等动作促使五脏六腑沐浴在精血与活气之中；舒缓并调理体内神经和分泌系统；能促进消化系统、排泄系统和呼吸系统的功能；对消除忧虑、减缓压力有着很好的效果。瑜伽讲究与自然的结合，与生命的结合，努力营造健康与和谐。古代印度人修炼瑜伽意在追求自我和天神的合一。从瑜伽的观点来看，任何疾病、功能失调都是由不当的生活方式、不适当的饮食、对与个人息息相关的基本常识疏忽所致。因此，疾病是身体自律系统在短期内或长期功能失调后的必然反应。现代人的生活节奏快、工作压力大，常伏案工作的人容易出现心血管病、高血压、颈椎病、骨刺等问题，如果不放松，让心灵回到平静的状态，就会引发一系列心理和生理上的病变。瑜伽正是通过锻炼人体的柔韧性，让人回归到最自然的状态。

二、瑜伽的修持方法分八个阶段进行

1. 道德首要。没有道德，任何功法都练不好。必须以德为指导，德为成功之母，德为功之源。瑜伽道德的基本内容为：非暴力、真实、不偷盗、节欲、无欲。这是瑜伽首先要求修持者遵守的道德规范。

2. 自身的外净化。外净化为端正行为习惯，努力净化周围环境。

3. 自身的内净化。内净化为根绝六种恶习：愤怒、贪欲、狂乱、迷恋、恶意、嫉妒。

4. 体位法。是指姿势锻炼，能净化身心，保护身心，治疗身心。体位法种类不可胜数，分别对肌肉、消化器官、腺体、神经系统和肉体的其他组织起良好作用，不仅能提高身体素质，还可以提高精神素质，使肉体、精神平衡。

5. 呼吸法。是指有意识地延长吸气、屏气、呼气的时间。吸气是接受宇宙能量的动作，屏气是使宇宙能量活化，呼气是去除一切思考和情感，同时排除体内废气、浊气，使身心得到安定。

6. 控制精神感觉。精神在任何时候都处于两个相反的矛盾活动中，欲望和感情相纠缠。控制精神感觉，就是抑制欲望，使感情平和下来，集中意识于一点或一件事，从而使精神安定平静。

7. 冥想、静定状态。只有通过实际体验去加以理解，难以用文字描述。

8. 修持者进入"忘我"状态。即意识不到自己的肉体在呼吸及自我精神和智性的存在，已进入了无限广阔的宁静世界。

以上八个阶段综合起来即瑜伽。八个阶段又分四个步骤来实现：第一和第二阶段是思想基础、思想准备；第三和第四阶段是肉体训练，通过各种姿势训练达到祛病强身的目的；第五和第六阶段进行初步静坐修持静功；最后两个阶段是高层次修持，进入冥想、静定阶段。

三、瑜伽的健身功效

（一）健身的原理

现代人生活节奏快，精神压力大，加上运动不足、环境污染等因素，许多人呈现亚健康状态，患心理性疾病的人明显增加。瑜伽着眼于整体的调理，练习瑜伽不仅能使身体健康，而且能纠正精神的不安宁和感情紊乱状态，保证健全的精神和积极旺盛的生命力。从生理学角度来说，就是使人体植物神经系统和内分泌系统的功能正常。从心理学的意义上来说，就是促使心神平静，开发直观的能力，养成一往无前、充满希望的健康精神。瑜伽健身的原理可从三方面来理解：

1. 调息——瑜伽呼吸法。呼吸是我们生命最基本的表现。东、西方医学、养生学及宗教中的共同观点认为：呼吸不但与生命有关，与精神世界和人体内在潜能也有密切关系。

2. 调身——瑜伽体位法。瑜伽体位法是练习冥想的辅助方法，目的是改进新陈代谢和提高体能。脊柱是人体的中心柱，大脑发出的运动神经、感觉神经和支配内脏器官的植物神经由此通过。瑜伽体位法通过站、坐、跪、卧、倒立等姿势来弯曲、伸展、扭转身体各部位，对脊柱、肌肉、内脏器官起到自我按摩及牵引的作用，可调节神经及内分泌系统，达到保健、消脂、塑身、美容、治疗等功效。

3. 调心——瑜伽冥想。冥想是一种意识状态，是与潜意识沟通的途径，是精神生活的基本功，对每一个人都有好处，尤其是脑力工作者和紧张的人。冥想时，人的过度思虑会镇静下来，并转向内在世界，就好像充电一样，恢复体能和耐力，提高精神力量，改善集中意志的能力，可带来清晰的思维以及平和的内在世界。通过呼吸和体位法修复受损的肌体，改善修习者的身体状况，恢复身体的自愈能力，并配合瑜伽所倡导的饮食观念，摒弃修习者日常生活中的种种摧残健康的习惯。同时，借助于瑜伽冥想使人的过度思虑镇静下来，并转向内在世界，把消极的、负面的情结消灭在潜意识层里，让修习者的内心更为平静、健康和完美。

（二）瑜伽的健身功效

瑜伽可以放松情绪，缓解压力，调节身心平衡，集中意志力，治疗心理疾病，提高人体免疫力，增进治愈能力，改善肌体不良趋势而向好的方面发展。（1）正确的呼吸方法。在现代生活中，因紧张或兴奋我们的呼吸常会感到急促，瑜伽认为呼吸速度愈慢愈好。（2）节能的有氧运动。瑜伽的体位练习是配合呼吸的韵律，围绕脊柱伸展身体，完成各种姿势。方法上强调动静结合，练习过程中把人的神、形、气（精神、形体、气息）能动地结合起来，外练筋、骨、皮，内养精、气、神。

四、瑜伽练习方法

瑜伽姿势和大多数体育练习不同，它不涉及快速或用力的运动，也不引起粗重的呼吸。相反，瑜伽姿势是动作很缓慢，步骤很分明。瑜伽练习不仅仅帮助人保持一个健康的神经系统，还能帮助作用发挥得不够正常的神经系统恢复正常的功能。

（一）向太阳致敬式

许多习瑜伽者都把向太阳致敬式作为每日瑜伽常规功课开始之前必做的前奏或放松练习，这也是人们最常做的瑜伽姿势之一（见图6－1）。

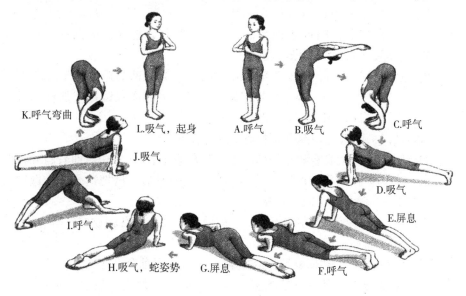

图6－1　向太阳致敬式

功法：

1. 挺身站立，但要放松，两脚靠拢，两掌在胸前合十，正常地呼吸（见图6－1A）。

2. 两脚保持平放在地上。随着双臂高举头上（举臂时，两手食指相触，掌心向前），缓慢而深长地吸气，上身自腰部起向后方弯下（见图6－1B）。

3. 在这样做的过程中，两腿、两臂都伸直；上身向后弯以帮助增加脊柱的弯度。

4. 一面呼气，一面慢慢向前弯身，用双掌或两手手指触及地板（不要弯曲双膝）。以不感到太费力为限，尽量使头部靠近双膝（见图 6 - 1C）。

5. 一面保持两掌和左脚在地板上稳定不动，慢慢吸气，同时把右脚向后伸展。在做上述动作的过程中，慢慢把头向后弯，胸部向前方挺出，背部则成凹拱形（见图 6 - 1D）。

6. 一面慢慢呼气，一面把左脚向后移，使两脚靠拢，两脚脚跟向上，臀部向后方和上方收起。两臂和两腿伸直。身体应该像一座桥的样子（见图 6 - 1I）。

7. 一边吸气，一边让臀部微微向前方摇动，一直到两臂垂直于地面为止。然后蓄气不呼，弯曲两肘，把胸膛朝着地板方向放低（臀部和腹部比胸部离开地面还高少许）（见图 6 - 1E）。

8. 一边保持胸部略高于地面，一边慢慢呼气，把胸部向前移，直到（首先）腹部、（跟着）两条大腿接触地面。

9. 吸气，同时慢慢伸直两臂（或者以不过劳背部为限，尽量伸直两臂），上身从腰部向上升起。前部应成凹拱形，头部像眼镜蛇式那样向后仰起（见图 6 - 1F、图 6 - 1G、图 6 - 1H）。

10. 呼气，同时把臀部升高到空中（见图 6 - 1I）。

11. 一边吸气（双掌和右脚稳定地放落在地面上），一边弯曲右腿并将右脚伸向前边。向上看，胸膛向前挺，脊柱呈凹拱形。试把这个动作做得连贯不断，一气呵成（见图 6 - 1J）。

12. 一边保持两掌放在地板上，一边慢慢呼气，把右脚放在左脚旁边，一边慢慢抬高身躯，两臂和背部向后弯（见图 6 - 1K）。

13. 一边呼气，一边回复到开始的姿势，两掌在胸前合十（见图 6 - 1L）。

向太阳致敬式的奇妙益处极多，实在不能全部列出。在这些益处中，有一些是来自这个练习的某些特定环节，而由这个练习整体所产生的益处就更多了。这个练习作为一个整体对身体各个不同系统产生良好影响，如消化系统、循环系统、呼吸系统、内分泌系统、神经系统、肌肉系统等。向太阳致敬式不仅仅对以上每一个系统个别有益，而且有助于使各系统互相达至和谐状态。对人体各主要系统以及对人体整体的这些有利影响带来的结果是：健康、活力充沛以及一个更为警醒、清晰的心灵。

由于这个练习给人体——包括大脑——充气，从而有助于使人从睡意沉沉或懒散慵倦的状态中清醒过来，又由于它放松并兴奋整个人体，所以它就是每回练习中最好的起始姿势。

（二）腹部按摩功

功法：

1. 蹲下，两手放在两膝上。

2. 弯曲左膝，并放于地上。

3. 在保持两手放在两膝上不动的同时，尽量将躯干转向右边。

4. 把下巴放在肩头上，两眼注视身后，再慢慢回复到原来蹲下的姿势。弯曲右膝，在另一边做同样的练习。将身躯向左方扭转六次，向右方扭转六次。

对于患便秘和其他腹部疾患的人们来说，这是一个很好的姿势。身体每次扭动，腹部器官都轮流获得挤压和伸展，从而按摩、伸展和清洁了肠胃并引致排泄废物；还可使脊柱放松，使它更健康和有弹性；并放松颈部区域的僵硬肌肉结块。

（三）简化脊柱扭动式

功法：

1. 坐着，两腿向前伸直。

2. 两手平放地上，略微在臀部的后方，两手手指向外。

3. 把左手移过两腿，然后把它放在右手之前。

4. 把左脚放置在右膝的外侧，并把右手掌进一步伸向背后。

5. 吸气，尽量把头转向右方，从而扭动脊柱。

6. 静气不呼，保持这个姿势若干秒钟。

7. 呼气，把躯干转回原位。这是一次扭动。每边约做六次扭动动作。

不能做完全的脊柱扭动式的人们会从这个姿势得到相似的好处，虽然程度稍逊一点。伸展脊柱有助于消除较轻的背痛。

（四）腰转动式

功法：

1. 挺直身子站立，两脚分开约两英尺（0.61 米）。

2. 十指相交，吸气，两臂高举过头。

3. 转动手腕，让两手掌心向上。

4. 呼气，向前弯身，弯到两腿和背部形成 90° 角为止。

5. 两眼注视两手。

6. 将上身躯干尽量转向右方。

7. 跟着又将上身躯干尽量转向左方。

8. 转向右方时吸气，转向左方时呼气。

9. 把这左右转动的动作重复做四次。

10. 上身躯干收回原来的中心位置，恢复直身姿势。

11. 放低双臂，放开两手。重复做整个练习。

这个姿势补养和加强双臂、腰部、背部和髋关节。腹部器官得到按摩，腰围线上的脂肪也得到减少和分散。

（五）轮式（图6-2）

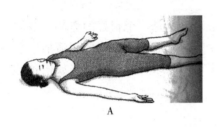
A

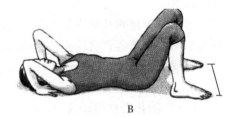
B

视线看向脚后跟

C

图6-2　轮式

功法：

1. 背贴地仰卧，双腿伸直，两手放体侧，掌心向上（见图6-2A）。

2. 屈膝，将脚跟收回紧贴大腿背后（见图6-2B）。

3. 两脚底应继续平放在地面上。如果体重逾常或肢体特别僵硬，就可能发现两脚无法做到紧贴大腿。如果是这样的话，就把两脚跟尽可能靠近大腿的背面。

4. 双手放头两边，掌心贴地板，指尖向着脚的方向（见图6-2B）。

5. 深深吸气，拱起背部，将髋部与腹部向上升起。

6. 让头部向地板低垂，双手、双腿用力向下按（见图6-2C）。

7. 舒适而平稳地呼吸。

8. 保持这个姿势，数一至十。

9. 弯曲双肘，借此先慢慢把头放低到地面上，接着把背部滑回地面上（见图6-2B）。

10. 把双臂、双腿回复到原来开始的姿势。

11. 舒适地休息一会儿，然后再做一次。

当人向后弯腰时，轮式补养和增强背部肌肉群，放松肩关节和颈肌，使脊柱保持健康和柔韧。身体前面也得到有力的伸展，滋养和增强腹部各肌肉，使许多内部器官和腺体受益。血液循环得到增强，一股新鲜血流流入头部，从而使头脑清爽，感觉敏锐。轮式也使两腕、两踝和两腿健壮有力。

（六）弓式（图6-3）

图6-3　弓式

功法：

1. 深吸气后，尽量翘起躯干，背部成凹拱形，头部尽量向后，同时用手把双腿往后拉，尽量把双膝举高（见图6-3B）。

2. 保持这个姿势由一数到五，这时呼吸要正常。

3. 从这个姿势回复原态的方法是：一面还是抓住两脚，一面慢慢把上身放下来，放回地板上，然后，放开双脚，逐渐将双腿放回地板上。

4. 把头转向侧边，脸颊贴地，彻底放松。

每个星期可以增加一秒钟保持弓式的时间，直到能够保持数一至十那么久。当已充分习惯于练习这个姿势时，就可以在保持弓式姿势的当儿轻轻前后摇晃，作"摇篮式"的练习。

可替代的做法：如果感到这个姿势太难练习，也可以在开始练一种较为简单的变体。在抓着两脚后，只是尽量使躯干离开地板，而不要企图将双腿往后拉。

（七）犁式（图6-4）

梵文"哈喇"（hala）是犁的意思。这个姿势之所以称做犁式，正是因为它极明显地像一把倒转的犁。

功法：

1. 平直仰卧，两腿伸直但放松，两脚并拢。两手应平靠体侧，掌心向

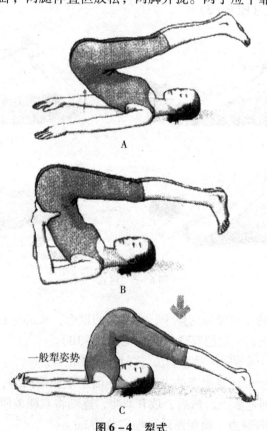

A

B

一般犁姿势

C

图6-4 犁式

下。以这姿势放松至少15～20秒钟。

2. 吸气，一边保持两腿并拢、两膝伸直，一边两掌轻轻用力向下按，收缩腹部肌肉使两腿离开地面举起，升到躯干上方（见图6－4A）。

3. 当两腿上升至躯干成垂直角度之后，呼气，并继续将两腿向后摆至两脚伸过头后。当这样做时，臀部和下背部自然会离开地面（见图6－4B）。

4. 如果脊柱已经相当僵硬的话，那么，也许在开始阶段最多只能做到这个程度。真的如此的话，就保持这个姿势，数一至十，然后按下面所述的方法从这个姿势回复常态。

5. 如果能够继续舒适地将两腿向后伸，并向下降，可以这样做，而在不感到吃力的情况下尽力做到多少算多少，然后停住，保持着这个姿势（见图6－4C）。

这个姿势刺激血液循环。除了滋养脊柱神经之外，血液还流入头部，滋养面部和头皮。甲状腺也得到调整，身体的新陈代谢功能也获得改善。

（八）颈部练习

功法：

坐下，盘腿或伸直两腿（或用任何一种瑜伽坐姿打坐都可以）。如果愿意的话，甚至还可以用一种稳定的站姿站立，或坐在一张直背椅子上。两肩保持平直不动，然后按下列步骤做：

1. 把头部转向右边，再转向左边。重复做八至十次（一左一右等于一次）。

2. 然后，一面两眼向前直视，一面将头部轮流地向右方倾斜，然后向左方倾斜。重复做八至十次。

3. 轻柔地把头向后仰和向前低头。重复做八至十次。

4. 然后，头部作轻柔的圆圈旋转运动。开始时作小圆圈旋转运动，逐渐增大到尽可能大，但要以不使颈部过于用力为度。至少顺时针方向转动八至十次，然后逆时针方向转动八至十次。

如果这个练习做得恰当，颈项就往往会发出一些喀喀声响。这是由于紧张得到缓解，以及神经、肌肉和韧带得到按摩而产生的。这有助于预防和消除紧张和头痛。当做完时，应该感到舒缓放松，头脑清爽。

五、瑜伽练习一般注意事项

1. 饭后（800～1200卡路里）2至3小时内不可练习瑜伽；小餐（少于250卡路里）30分钟后才练习瑜伽。

2. 练习瑜伽之后相隔最少半小时，才可以进食。

3. 练习时请穿着舒适及有弹性的衣服或运动服。鞋袜必须脱掉。

4. 练习时，请关掉所有电视、电话、收音机，保持环境宁静；也可播放轻柔的音乐来帮助松弛神经。

5. 练习时，请专注当下及细心聆听身体发出的信息。若有任何不适或疲倦，请慢慢停下来休息。

6. 姿势在进行时，切忌过快或勉强伸展或扭曲身体，否则容易损伤关节或肌肉。

7. 没有特别提示时，请用鼻子呼吸。保持呼吸缓慢，不要屏息。

8. 大病后或患有任何慢性疾病，在参加瑜伽班前必须先向导师说明。若有任何健康上的疑问，请先向医生寻求意见。

9. 生病时应多休息，不应再消耗体力。可以做一些简单的伸展动作来稍稍松弛。

10. 患有高血压、心脏病或视网膜脱落的人士，请勿进行任何倒立动作。

11. 女性在月经期间也不适宜练习任何倒立姿势。但平常多加练习倒立姿势及其他瑜伽动作，可改善月经流量及痛经等问题。

12. 怀孕女性必须先寻求导师及医生的意见才可练习瑜伽。

13. 瑜伽是一项不带任何竞争性的活动。每个人的身体状态都不一样，因此不应与别人比较。在任何时候，请集中精神，同时量力而为。

14. 练习时，可喝一点清水以帮助排出体内毒素。

第二节
有氧健身操

一、什么是有氧健身操

有氧健身操是一种富有韵律性的运动。它通过长时间（15 分钟以上）持续的运动，不仅使心肺功能增强，而且还锻炼大肌肉群。健身操除了可增强体质外，还使其成为一种社交时尚。参加者不但可以结识志同道合的朋友，还可通过锻炼保持精神舒畅、活力充沛，拥有骄人身段以及健康、美丽。

二、有氧健身操的类型

有氧健身操主要分为两类：高冲击健身操和低冲击健身操。

1. 高冲击健身操。高冲击健身操是传统式的健身操，经常做单脚或双脚的跳跃，能量消耗大，心肺锻炼效果较佳。但是对一些平时很少运动和过胖的人士及在初学阶段者，可能会因运动量过大和过分刺激而使心肺受不了。此外，过多的跳跃使下肢与地面过度撞击，容易造成下肢关节和脊椎受伤。

2. 低冲击健身操。低冲击的概念是针对因健身操动作的冲击性所造成的伤害发展而来的。所谓低冲击，主要是删去双脚同时离地的跳跃动作，取而代之的是其他有节奏而双脚不同时离地的健身操动作，如低踢、大踏步、左右旋转、前后弓步动作等。即使有踏跳踢腿动作，连续也不会超过4次。由于减少了下肢大肌肉群的活动，上肢活动的编排相应增加，甚至加强躯干肌肉的活动，从而弥补运动量的不足。

低冲击健身操因可减少运动者的受伤机会，已取代高冲击健身操。虽然低冲击动作较缓和，但由于持续运动15～30分钟，因此能保持运动的强度（最大心率的60%～80%），可提供足够的刺激来锻炼心肺。

三、有氧健身操练习方法

（一）健美操大众锻炼标准测试套路三级

三级是健美操大众锻炼标准的初级套路，练习目的是进行中等强度的有氧练习并增加90°～180°方向的变化和简单的图形变化。

组合一 $4 \times 8 \times 2$

（一）1～2：向右的侧并步，第2拍向右转90°。双臂经胸前平屈下压，双手握拳，拳心向下。

3～4：向左的侧并步。双臂经胸前平屈下压，双手握拳，拳心向下。

5～6：向右的侧并步，第6拍向左转90°。双臂经胸前平屈下压，双手握拳，拳心向下。

7～8：向左的侧并步。双臂经胸前平屈下压，双手握拳，拳心向下。

（图6－5）

（一）1   2   3   4   5   6   7   8

图 6-5

（二）1~3：右脚开始向前走3步。双臂屈肘于体侧，前后自然摆动。

4：左腿吸腿一次。双手在胸前击掌一次。

5~7：左脚开始向后走3步。双臂屈肘于体侧，前后自然摆动。

8：右腿吸腿一次。双手在胸前击掌一次。（图6-6）

（二）1、3   2   4   5、7   6   8

图 6-6

（三）1~4：右脚做向前的一字步。

1：右臂前上举，右手握拳，拳眼向后。

2：左臂前上举，左手握拳，拳眼向后。

3：双臂屈肘，拳眼正对两肩。

4：还原至体侧。

5~8：同1~4。（图6-7）

（四）1~4：右脚做向后的一字步。

1、3：双臂侧平举，双手并掌，掌心向下。

2：双臂在头顶上方交叉，掌心朝前。

4：双臂在体前交叉，掌心向后。

5：右脚向前迈一步。双臂屈肘于体侧，前后自然摆动。

6：左腿吸腿一次。双臂屈肘于体侧，前后自然摆动。

（三）1、5　　2、6　　3、7　　4、8

图 6－7

7：左腿后退一步。双臂屈肘于体侧，前后自然摆动。

8：右脚并于左脚。双臂还原至体侧。（图6－8）

（四）1　　2　　3　　4　5、7　　6　　8

图 6－8

（五）1～2：向左的侧并步，第2拍向左转90°。双臂经胸前平屈下压，双手握拳，拳心向下。

3～4：向右的侧并步。双臂经胸前平屈下压，双手握拳，拳心向下。

5～6：向左的侧并步，第6拍向右转90°。双臂经胸前平屈下压，双手握拳，拳心向下。

7～8：向右的侧并步。双臂经胸前平屈下压，双手握拳，拳心向下。

（六）1～3：左脚开始向前走3步。双臂屈肘于体侧，前后自然摆动。

4：右腿吸腿一次。双手在胸前击掌一次。

5～7：右脚开始向后走3步。双臂屈肘于体侧，前后自然摆动。

8：左腿吸腿一次。双手在胸前击掌一次。

（七）1～4：左脚做向前的一字步。

1：左臂前上举，左手握拳，拳眼向后。

2：右臂前上举，右手握拳，拳眼向后。

3：双臂屈肘，拳眼正对两肩。

4：还原至体侧。

5~8：同1~4。

（八）1~4：左脚做向后的一字步。

1、3：双臂侧平举，双手并掌，掌心向下。

2：双臂在头顶上方交叉，掌心朝前。

4：双臂在体前交叉，掌心向后。

5：左脚向前迈一步。双臂屈肘于体侧，前后自然摆动。

6：右腿吸腿一次。双臂屈肘于体侧，前后自然摆动。

7：右腿后退一步。双臂屈肘于体侧，前后自然摆动。

8：左脚并于右脚。双臂还原至体侧。

组合二：4×8×2

（一）1~4：向右的交叉步，第4拍向右转90°。

1、3：双臂上举，双手并掌，掌心向前。

2、4：双臂还原至体侧。

5~8：向左的交叉步，第8拍向右转90°。

5、7：双臂侧平举，双手并掌，掌心向下。

6：双臂体前交叉。

8：双臂还原至体侧。（图6-9）

（一）1、3　　2　　4　　5、7　　6　　8

图 6-9

（二）1~8：动作同（一）。（图6-10）

（三）1~4：右脚向右斜前方迈一步，左腿吸腿两次。

1、3：双臂前上举，双手握拳，拳心向下。

（二）1、3　　2　　　4　　　5、7　　6　　　8

图 6-10

2、4：双臂屈肘拉回至腰间。

5～8：左脚向左斜前方迈一步，右腿吸腿两次。

5、7：双臂前上举，双手握拳，拳心向下。

6、8：双臂屈肘拉回至腰间。（图6-11）

（三）1、3　　2、4　　5、7　　6、8

图 6-11

（四）1～2：右脚向右斜后方侧并步一次，第2拍身体向左转45°。

1：双臂侧平举，双手并掌，掌心向下。

2：双臂胸前交叉。

3～4：左脚向左斜后方侧并步一次，第4拍身体向右转45°。

3：双臂侧平举，双手并掌，掌心向下。

4：双臂胸前交叉。

5～6：右脚向右斜后方侧并步一次，第6拍身体向左转45°面对前方。

5：双臂侧平举，双手并掌，掌心向下。

6：双臂胸前交叉。

7：左脚侧点地一次。双臂侧平举，双手并掌，掌心向下。

8：左腿后屈腿一次。双臂胸前交叉。（图 6 – 12）

（四）1、5　　2、4、6　　3　　　7　　　　8

图　6 – 12

（五）1～4：向左的交叉步，第 4 拍向左转 90°。

1、3：双臂上举，双手并掌，掌心向前。

2、4：双臂还原至体侧。

5～8：向右的交叉步，第 8 拍向左转 90°。

5、7：双臂侧平举，双手并掌，掌心向下。

6：双臂体前交叉。

8：双臂还原至体侧。

（六）1～8：同（五）。

（七）1～4：左脚向左斜前方迈一步，右腿吸腿两次。

1、3：双臂前上举，双手握拳，拳心向下。

2、4：双臂屈肘拉回至腰间。

5～8：右脚向右斜前方迈一步，左腿吸腿两次。

5、7：双臂前上举，双手握拳，拳心向下。

6、8：双臂屈肘拉回至腰间。

（八）1～2：左脚向左斜后方侧并步一次，第 2 拍身体向右转 45°。

1：双臂侧平举，双手并掌，掌心向下。

2：双臂胸前交叉。

3～4：右脚向右斜后方侧并步一次，第 4 拍身体向左转 45°。

3：双臂侧平举，双手并掌，掌心向下。

4：双臂胸前交叉。

5～6：左脚向左斜后方侧并步一次，第 6 拍身体向右转 45°面对前方。

5：双臂侧平举，双手并掌，掌心向下。

6：双臂胸前交叉。

7：右脚侧点地一次。双臂侧平举，双手并掌，掌心向下。

8：右腿后屈腿一次。双臂胸前交叉。

组合三：4×8×2

（一）1~4：右脚向左斜前方做漫步。

1~2：双臂侧上举，双手并掌，掌心向前。

3~4：双臂屈肘拉回至腰间，双手握拳，拳心向上。

5~8：右脚向右斜前方做漫步。

5~6：双臂侧上举，双手并掌，掌心向前。

7~8：双臂屈肘拉回至腰间，双手握拳，拳心向上。（图6-13）

（一）1~2　　3~4、7~8　　5~6

图　6-13

（二）1~2：右脚向前迈一步，左腿吸腿一次，同时，身体向右转90°。

1：双臂屈肘于体侧，前后自然摆动。

2：双手胸前击掌一次。

3~4：左脚向前迈一步，右腿吸腿跳一次。

3：双臂屈肘于体侧，前后自然摆动。

4：双手胸前击掌一次。

5~8：右脚开始向右后转弯走四步。双臂屈肘于体侧，前后自然摆动。

（图6-14）

（二）1　　2　　3　　4　　5　　6　　7　　8

图　6-14

（三）1~4：右脚做 V 字步，第 3 拍身体向右转 90°面对前方。

1：右臂侧上举，右手并掌，掌心朝前。

2：左臂侧上举，左手并掌，掌心朝前。

3：双臂胸前交叉，双手握拳搭在双肩上。

4：还原至体侧。

5~8：右脚做 V 字步。

5：右臂侧上举，右手并掌，掌心朝前。

6：左臂侧上举，左手并掌，掌心朝前。

7：双臂胸前交叉，双手握拳搭在双肩上。

8：还原至体侧。（图 6－15）

（三）1　　2　　3　　4、8　　5　　6　　7

图　6－15

（四）1~2：右脚向侧迈一步，左腿后屈腿一次。两臂体侧屈肘，前后摆动。

3~4：左脚向侧迈一步，右腿后屈腿一次。两臂体侧屈肘，前后摆动。

5~6：同 1~2。

7~8：左腿后交叉一次。两臂体侧屈肘，前后摆动。（图 6－16）

（四）1、3、5　　2、6　　4　　7、8

图　6－16

（五）1～4：左脚向右斜前方做漫步。

1～2：双臂侧上举，双手并掌，掌心向前。

3～4：双臂屈肘拉回至腰间，双手握拳，拳心向上。

5～8：左脚向左斜前方做漫步。

5～6：双臂侧上举，双手并掌，掌心向前。

7～8：双臂屈肘拉回至腰间，双手握拳，拳心向上。

（六）1～2：左脚向前迈一步，右腿吸腿一次。同时，身体向左转90°。

1：双臂屈肘于体侧，前后自然摆动。

2：双手胸前击掌一次。

3～4：右脚向前迈一步，左腿吸腿一次。

3：双臂屈肘于体侧，前后自然摆动。

4：双手胸前击掌一次。

5～8：左脚开始向左后转弯走四步。双臂屈肘于体侧，前后自然摆动。

（七）1～4：左脚做Ｖ字步，第3拍身体向左转90°面对前方。

1：左臂侧上举，左手并掌，掌心朝前。

2：右臂侧上举，右手并掌，掌心朝前。

3：双臂胸前交叉，双手握拳搭在双肩上。

4：还原至体侧。

5～8：左脚做Ｖ字步。

5：左臂侧上举，左手并掌，掌心朝前。

6：右臂侧上举，右手并掌，掌心朝前。

7：双臂胸前交叉，双手握拳搭在双肩上。

8：还原至体侧。

（八）1～2：左脚向侧迈一步，右腿后屈腿一次。两臂体侧屈肘，前后摆动。

3～4：右脚向侧迈一步，左腿后屈腿一次。两臂体侧屈肘，前后摆动。

5～6：同1～2。

7～8：右腿后交叉一次。两臂体侧屈肘，前后摆动。

组合四：4×8×2

（一）1～2：身体向左转90°，右脚向前做小马跳。左臂上举，右臂下举，双手握拳。

3～4：身体向右转180°，左脚向前做小马跳。右臂上举，左臂下举，双手握拳。

5~6：右脚向后做小马跳。左臂上举，右臂下举，双手握拳。

7~8：身体向右转180°，左脚向后做小马跳，第8拍身体面对前方。右臂上举，左臂下举，双手握拳。（图6-17）

（一）1~2　　3~4　　5~6　　7~8

图　6-17

（二）1~2：右脚向右做侧并步跳。双臂侧平举，双手并掌，掌心向下。

3~4：左脚向前做漫步。双臂屈肘于体侧，前后自然摆动。

5~6：左脚向左做侧并步跳。双臂侧平举，双手并掌，掌心向下。

7~8：右脚向后做漫步。右臂体前屈肘，右手握拳，左臂体侧摆动。（图6-18、图6-19）

（二）　　1~2　　　　　3~4

图　6-18

5~6　　　　　7~8

图　6-19

（三）1~4：右腿向前弹踢腿跳前交叉。

1、3：左臂前举，右臂侧平举，双手并掌，掌心向下。

2：双臂胸前交叉，双手握拳搭在双肩上。

4：还原至体侧。

5~8：左腿向前弹踢腿跳前交叉。

5、7：右臂前举，左臂侧平举，双手并掌，掌心向下。

6：双臂胸前交叉，双手握拳搭在双肩上。

8：还原至体侧。（图6-20）

(三) 1、3　　　2　　　4、8　　　5、7　　　6

图　6-20

（四）1~2：左腿向侧迈一步接举腿跳。双臂上举，双手并掌，掌心向前。

3~4：右脚向后做漫步。双臂屈肘拉回至腰间，双手握拳，拳心向上。

5~6：向左侧并步一次。两臂体侧屈肘，前后摆动。

7~8：向右侧并步一次。两臂体侧屈肘，前后摆动。（图6-21）

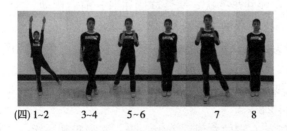

(四) 1~2　　　3~4　　　5~6　　　7　　　8

图　6-21

（五）1~2：身体向右转90°，左脚向前做小马跳。右臂上举，左臂下举，双手握拳。

3~4：身体向左转180°，右脚向前做小马跳。左臂上举，右臂下举，双手握拳。

5~6：左脚向后做小马跳。右臂上举，左臂下举，双手握拳。

7~8：身体向左转180°，右脚向后做小马跳，第8拍身体面对前方。左臂上举，右臂下举，双手握拳。

（六）1~2：左脚向左做侧并步跳。双臂侧平举，双手并掌，掌心向下。

3~4：右脚向前做漫步。双臂屈肘于体侧，前后自然摆动。

5~6：右脚向右做侧并步跳。双臂侧平举，双手并掌，掌心向下。

7~8：左脚向后做漫步。左臂体前屈肘，左手握拳，右臂体侧摆动。

（七）1~4：左腿向前弹踢腿跳前交叉。

1、3：右臂前举，左臂侧平举，双手并掌，掌心向下。

2：双臂胸前交叉，双手握拳搭在双肩上。

4：还原至体侧。

5~8：右腿向前弹踢腿跳前交叉。

5、7：左臂前举，右臂侧平举，双手并掌，掌心向下。

6：双臂胸前交叉，双手握拳搭在双肩上。

8：还原至体侧。

（八）1~2：右腿向侧迈一步接举腿跳。双臂上举，双手并掌，掌心向前。

3~4：左脚向后做漫步。双臂屈肘拉回至腰间，双手握拳，拳心向上。

5~6：向右侧并步一次。两臂体侧屈肘，前后摆动。

7~8：向左侧并步一次。两臂体侧屈肘，前后摆动。

（二）健美操大众锻炼标准测试套路四级

四级为健美操大众锻炼标准的中级套路，采用中高强度的有氧练习。音乐速度更快、高冲击力动作增多，动作强度增加；而且增加了180°转体动作以及图形变化，提高了动作的流动性和成套的难度。

组合一：$4 \times 8 \times 2$

（一）1~2：右脚向右斜前方迈一步，左腿吸腿一次。

1：右臂前上举，左手按在左大腿上部，双手并掌，掌心向下。

2：右手按在左大腿中部，指尖向左。

3~4：同1~2。

5~8：左脚做V字步接后屈腿，第7拍向左转180°。双臂体侧屈肘，

前后自然摆动。(图6-22)

(一)　1　　2　　5　　6　　7　　8

图　6-22

(二) 1~3：右脚向前走三步。双臂体侧屈肘，同时前后摆动。

4：左腿吸腿一次，同时向右转180°。双手在胸前击掌一次。

5~7：左脚向后走三步。两臂体侧屈肘，同时前后摆动。

8：右腿吸腿一次。双手在胸前击掌一次。(图6-23)

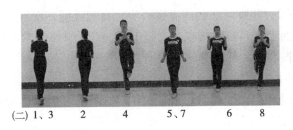

(二) 1、3　　2　　4　　5、7　　6　　8

图　6-23

(三) 1~4：右脚向右做交叉步。两臂体侧屈肘，同时前后摆动。

5~6：左脚向后点地一次。两臂下举，双手握拳，拳眼朝前。

7~8：左脚侧点地一次。左臂侧上举，右臂胸前平屈，双手并掌，掌心向下。(图6-24)

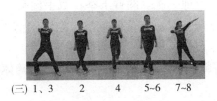

(三) 1、3　　2　　4　　5~6　　7~8

图　6-24

（四）1～2：左腿向左斜前方并步跳一次。双臂体侧屈肘，前后自然摆动。

3～4：右腿向右斜前方并步跳一次。双臂体侧屈肘，前后自然摆动。

5～6：同1～2。

7～8：右腿向侧迈一步成半蹲，左脚并于右脚。双手分别按在双腿中部，指尖相对。（图6－25）

（四）1、5　　2、4、6　　3　　7　　8

图　6－25

（五）1～2：左脚向左斜前方迈一步，右腿吸腿一次。

1：左臂前上举，右手按在右大腿上部，双手并掌，掌心向下。

2：左手按在右大腿中部，指尖向右。

3～4：同1～2。

5～8：右脚做V字步接后屈腿，第7拍向右转180°。双臂体侧屈肘，前后自然摆动。

（六）1～3：左脚向前走三步。两臂体侧屈肘，同时前后摆动。

4：右腿吸腿一次，同时向左转180°。双手在胸前击掌一次。

5～7：右脚向后走三步。两臂体侧屈肘，同时前后摆动。

8：左腿吸腿一次。双手在胸前击掌一次。

（七）1～4：左脚向左做交叉步。两臂体侧屈肘，同时前后摆动。

5～6：右脚向后点地一次。两臂下举，双手握拳，拳眼朝前。

7～8：右脚侧点地一次。右臂侧上举，左臂胸前平屈，双手并掌，掌心向下。

（八）1～2：右腿向右斜前方并步跳一次。双臂体侧屈肘，前后自然摆动。

3～4：左腿向左斜前方并步跳一次。双臂体侧屈肘，前后自然摆动。

5～6：同1～2。

7~8：左腿向侧迈一步成半蹲，右脚并于左脚。双手分别按在双腿中部，指尖相对。

组合二：4×8×2

（一）1~2：右脚向侧迈一步接举腿跳。双臂侧上举，双手并掌，掌心朝外。

3~4：左腿向后做1/2漫步。左臂体前屈肘。

5~6：左腿向后迈步，右腿做后屈腿，同时身体向左转180°。双手胸前击掌一次。

7~8：右腿向前迈步，左腿做后屈腿，同时身体继续向左转180°面对前方。双手胸前击掌一次。（图6-26）

图　6-26

（二）1~3：左脚向前走三步。两臂体侧屈肘，同时前后摆动。

4：右腿吸腿跳一次，同时身体向右转90°。双手胸前击掌一次。

5~7：右脚向前走三步。两臂体侧屈肘，同时前后摆动。

8：左腿吸腿跳一次。双手胸前击掌一次。（图6-27）

图　6-27

（三）1~2：左腿向右斜前方做1/2漫步。左臂体前屈肘。

3～4：左腿向左侧迈步，右腿做后屈腿。双臂侧平举，双手握拳，拳心向下。

5～6：右腿向左斜前方做1/2漫步。右臂体前屈肘。

7～8：右腿向右侧迈步，左腿做后屈腿。双臂侧平举，双手握拳，拳心向下。（图6－28）

（三）1~2　　3　　4　　5~6　　7　　8

图　6－28

（四）1～2：左脚脚跟向前点地一次。双臂前下举，双手握拳，拳眼朝前。

3～4：左脚脚尖向后点地一次。双臂下举，双手握拳，拳眼朝前。

5～6：左脚脚尖向侧点地一次，同时身体向右转90°。左臂侧平举，右臂胸前平屈，双手握拳，拳心向下。

7～8：左脚脚尖向侧点地一次，同时身体继续向右转180°面对前方。左臂侧平举，右臂胸前平屈，双手握拳，拳心向下。（图6－29）

（四）1~2　　3~4　　5~6　　7　　8

图　6－29

（五）1～2：左脚向侧迈一步接举腿跳。双臂侧上举，双手并掌，掌心朝外。

3～4：右腿向后做1/2漫步。右臂体前屈肘。

5～6：右腿向后迈步，左腿后屈腿，同时身体向右转180°。双手胸前击掌一次。

7～8：左腿向前迈步，右腿后屈腿，同时身体继续向右转180°面对前方。双手胸前击掌一次。

（六）1～3：右脚向前走三步。两臂体侧屈肘，同时前后摆动。

4：左腿吸腿一次，同时身体向左转90°。双手胸前击掌一次。

5～7：左脚向前走三步。两臂体侧屈肘，同时前后摆动。

8：右腿吸腿一次。双手胸前击掌一次。

（七）1～2：右腿向左斜前方做1/2漫步。右臂体前屈肘。

3～4：右腿向右侧迈步，左腿做后屈腿。双臂侧平举，双手握拳，拳心向下。

5～6：左腿向右斜前方做1/2漫步。左臂体前屈肘。

7～8：左腿向左侧迈步，右腿做后屈腿。双臂侧平举，双手握拳，拳心向下。

（八）1～2：右脚脚跟向前点地一次。双臂前下举，双手握拳，拳眼朝前。

3～4：右脚脚尖向后点地一次。双臂下举，双手握拳，拳眼朝前。

5～6：右脚脚尖向侧点地一次，同时身体向左转90°。右臂侧平举，左臂胸前平屈，双手握拳，拳心向下。

7～8：右脚脚尖向侧点地一次，同时身体继续向左转180°面对前方。右臂侧平举，左臂胸前平屈，双手握拳，拳心向下。

组合三：4×8×2

（一）1～4：右腿向右斜前方做交叉步接后屈腿，第4拍身体向右转90°。

1、3：双臂侧平举，双手握拳，拳心向下。

2：双臂体前交叉。

4：双手在胸前击掌一次。

5～8：左腿向左斜前方做交叉步接后屈腿，第8拍身体继续向右转90°。

5、7：双臂侧平举，双手握拳，拳心向下。

6：双臂体前交叉。

8：双手在胸前击掌一次。（图6-30）

（二）1～4：右腿向右后方做小磋步跳接左腿后屈腿，第4拍身体向右转90°。

1～3：双臂屈肘，前臂互相绕动，双手握拳。

（一）1、3　　2　　4　　5、7　　6　　8

图 6-30

4：双手胸前击掌一次。

5~8：左腿向左后方做小磋步跳接右腿后屈腿，第8拍身体继续向右转45°。双臂屈肘，前臂互相绕动，双手握拳。（图6-31）

（二）1~3　　4　　5~7　　8

图 6-31

（三）1~4：右脚做向前的一字步，第3拍身体向右转90°面对前方。

1~2：双臂向下摆动，双手握拳，拳眼朝前。

3~4：双手在胸前互握。

5~8：右脚做向前的一字步。

5：双臂上举。

6：双臂下拉至胸前。

7：双臂侧上举，双手并掌，掌心向内。

8：还原至体侧。（图6-32）

（四）1~2：右腿向左斜前方做1/2漫步。右臂在体前屈肘。

3~4：身体向右转135°，右腿向前走两步。双臂体侧屈肘，前后自然摆动。

5~8：右腿开始做磋步跳三次接左腿做后屈腿跳一次。双臂体侧屈肘，前后自然摆动。（图6-33）

图　6 - 32

图　6 - 33

（五）1～4：左腿向左斜前方做交叉步接后屈腿，第4拍身体向左转90°。

1、3：双臂侧平举，双手握拳，拳心向下。

2：双臂体前交叉。

4：双手在胸前击掌一次。

5～8：右腿向右斜前方做交叉步接后屈腿，第8拍身体继续向左转90°。

5、7：双臂侧平举，双手握拳，拳心向下。

6：双臂体前交叉。

8：双手在胸前击掌一次。

（六）1～4：左腿向左后方做小磋步跳接右腿后屈腿，第4拍身体向左转90°。

1～3：双臂屈肘，前臂互相绕动，双手握拳。

4：双手胸前击掌一次。

5～8：右腿向右后方做小磋步跳接左腿后屈腿，第8拍身体继续向左转45°。双臂屈肘，前臂互相绕动，双手握拳。

（七）1～4：左脚做向前的一字步，第3拍身体向左转90°面对前方。

1～2：双臂向下摆动，双手握拳，拳眼朝前。

3～4：双手在胸前互握。

5～8：左脚做向前的一字步。

5：双臂上举。

6：双臂下拉至胸前。

7：双臂侧上举，双手并掌，掌心向内。

8：还原至体侧。

（八）1～2：左腿向右斜前方做1/2漫步。左臂在体前屈肘。

3～4：身体向左转135°，左腿向前走两步。双臂体侧屈肘，前后自然摆动。

5～8：左腿开始做磋步跳三次接右腿做后屈腿跳一次。双臂体侧屈肘，前后自然摆动。

组合四：4×8×2

（一）1～4：右腿向右前方上步踢腿，还原。

1：双臂体侧屈肘，前后自然摆动。

2：右臂上举，左臂屈肘拉回至腰间，双手握拳。

3：右臂侧平举，左臂胸前平屈，双手握拳。

4：右臂胸前平屈，左臂侧平举。

5～8：同1～4。（图6－34）

（一）1、5　　2、6　　3、7　　4、8

图　6－34

（二）1～2：右腿向侧迈一步，左腿向后点地。右手叉腰，左臂由左上经前向右下划动，左手并掌，掌心向下。

3～4：左腿向侧迈一步，右腿向后点地。左手叉腰，右臂由右上经前向左下划动，右手并掌，掌心向下。

5～8：右腿向侧迈一步成举腿，向右跳转360°。右臂屈肘，肘与肩同高，右手并掌，掌心向上，左手叉腰。（图6－35）

图　6－35

（三）1~2：左腿侧点地一次，还原。左臂向前冲拳，右手收于腰间。

3~4：右腿侧点地一次，还原。右臂向前冲拳，左手收于腰间。

5~6：身体向右转90°，右腿做后撤步吸腿。双手胸前击掌一次。

7~8：左腿做后撤步吸腿。双手胸前击掌一次。（图6－36）

图　6－36

（四）1~2：左腿向左前方做并步跳一次。双手胸前击掌一次。

3~4：右腿向右前方做并步跳一次。双手胸前击掌一次。

5~8：左脚向前做 V 字步，第 7 拍身体向左转90°面对前方。双臂从右平举划动至左平举。（图6－37）

图　6－37

（五）1~4：左腿向左前方上步踢腿，还原。

1：双臂体侧屈肘，前后自然摆动。

2：左臂上举，右臂屈肘拉回至腰间，双手握拳。

3：左臂侧平举，右臂胸前平屈，双手握拳。

4：左臂胸前平屈，右臂侧平举。

5~8：同1~4。

（六）1~2：左腿向侧迈一步，右腿向后点地。左手叉腰，右臂由右上经前向左下划动，右手并掌，掌心向下。

3~4：右腿向侧迈一步，左腿向后点地。右手叉腰，左臂由左上经前向右下划动，左手并掌，掌心向下。

5~8：左腿向侧迈一步成举腿，向左跳转360°。左臂屈肘，肘与肩同高，左手并掌，掌心向上，右手叉腰。

（七）1~2：右腿侧点地一次，还原。右臂向前冲拳，左手收于腰间。

3~4：左腿侧点地一次，还原。左臂向前冲拳，右手收于腰间。

5~6：身体向左转90°，左腿做后撤步吸腿。双手胸前击掌一次。

7~8：右腿做后撤步吸腿。双手胸前击掌一次。

（八）1~2：右腿向右前方做并步跳一次。双手胸前击掌一次。

3~4：左腿向左前方做并步跳一次。双手胸前击掌一次。

5~8：右脚向前做V字步，第7拍身体向右转90°面对前方。双臂从左平举划动至右平举。

第三节
社交舞蹈

一、社交舞简介

社交舞是集休闲娱乐、健身健美、社交礼仪于一体的体育艺术类运动项目。舞蹈可以使人感受到美的熏陶与享受，在翩翩起舞的男女舞伴的默契配合中，每一个舞步，每一个舞姿、造型，都蕴涵着起舞者的个性美与艺术美。随着校园体育文化的开展，丰富多彩的体育文化活动如社交舞已成为高校开展体育俱乐部活动的项目之一。社交舞是体育舞蹈的一种。

体育舞蹈可分为大众性体育舞蹈和竞技性体育舞蹈两大类（见图6 - 38）。

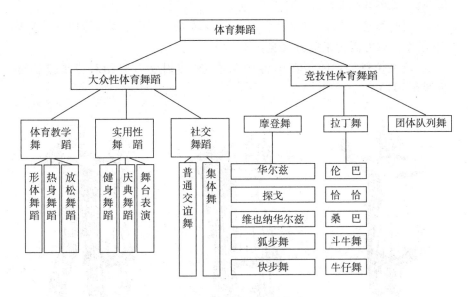

图6 - 38　体育舞蹈的分类

二、社交舞场地与设施

1. 场地：长23米，宽15米。木制地板场地最好，地面不能反光，防滑，平整，四周有界线。一般的社交舞适用于舞厅、晚会等社交场合。比赛或表演时选手按逆时针方位运行。

2. 灯光：各类灯光齐备，大小、色彩、图案、追光等能及时变化，适用于比赛、表演等各种用途。

3. 音乐：采用专业音响、CD舞曲伴奏，并配备音响师。

三、社交舞基本舞姿及动作要领介绍

（一）现代摩登舞

1. 基本舞姿（闭位舞姿）：男女舞伴相对站立，双足并拢，各自的右

足尖对准对方的双足中线，头部各向左稍转，女伴上体稍向后倾，男伴左手侧平举，手掌向上，女伴举右手掌心向下，握手高度与肩平或略高于肩，男伴右手轻扶在女伴左肩胛骨的下方，女伴左手轻放在男伴右肩上，双方身体挺拔，运步时上体始终保持正直，握持的手不可推拉和摇晃，右胯轻贴（见图6-39）。

2. 开位舞姿：男伴向左、女伴向右各转45°，两人身体侧成90°成V字形站立，双方眼视正前方（见图6-40）。

3. 交叉位舞姿：闭位舞姿各自左转45°成男女右肩相对行步或旋转（见图6-41）。

图 6-39　　　　　图 6-40　　　　　图 6-41

（二）现代拉丁舞

1. 闭握式：女士稍靠男士的右侧，男女重心在相反的脚上，男士右手放在女士背后，托住女士左肩胛骨的下方，男士的左手轻握女士的右手，男士两肩同高，左手的高度与本身的耳朵齐高，相握的位置在两人中间（见图6-42）。

2. 开式位置：男女士相距一臂，相互对视，重心在相反的脚上，握手时略向前互握，自然回收弯曲，双手位置在胸骨以下，不握的手向侧伸出并略微回收，若双手分开不握时，双臂向前，肘部回收，手臂自然地靠近身体（见图6-43）。

图　6-42　　　　　　　　　　　　　　图　6-43

四、基本舞步介绍

体育舞蹈主要有体育教学舞蹈、实用性舞蹈、社交舞蹈、摩登舞、拉丁舞和团体队列舞等，本节主要介绍实用性社交舞蹈。实用性社交舞步主要有慢三、快三、慢四、北京平四、探戈、伦巴、恰恰、桑巴等。以下介绍一些简单的、有代表性的基本舞步的动作要领。

（一）华尔兹（慢三步舞）

华尔兹以优美的音乐、飘逸的舞姿和荡漾的起伏被誉为"舞中皇后"。华尔兹婉转曼妙，能变化出多种花样舞步，它柔和而文静，优美而华丽。华尔兹属于绅士舞蹈，男子似王子，上身挺拔，气质不凡；女子似公主，温文尔雅，雍容大方。

音乐节奏：3/4拍，每小节3拍，每步1拍。

舞曲速度：每分钟32小节左右。

基本节奏：嘭、嚓、嚓。

舞蹈特点：起伏摆荡，高雅舒展，似流水般流畅。

华尔兹主要技术动作与练习方法介绍：

1. 前进、后退舞步（2小节）（见图6-44）

男士：1左脚向前一步，2右脚向前一步，3左脚向前一步，4右脚向前一步，5左脚向前一步，6右脚向前一步。

女士：1右脚向后一步，2左脚向后一步，3右脚向后一步，4左脚向后一步，5右脚向后一步，6左脚向后一步。

2. 进退方步（2 小节）（见图 6－45）

男士：1 左脚向前一步，2 右脚经前再向右横一步，3 左脚并向右脚，4 右脚向后退一步，5 左脚经后再向左横一步，6 右脚并向左脚。

女士：1 右脚后退一步，2 左脚经后再向左横一步，3 右脚并向左脚，4 左脚向前一步，5 右脚经前再向右横一步，6 左脚并向右脚。

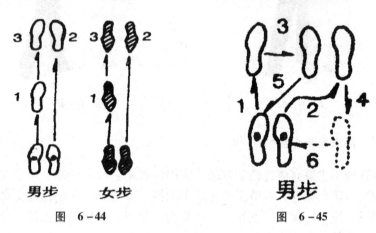

图　6－44　　　　　　　　图　6－45

3. 左转 180°（2 小节）（见图 6－46）

男士：左脚向前向左转 180°，右脚在左脚后，左脚转到合适位置，左脚并向右脚，右脚向后向左转 180°，左脚在右脚前，左转到适当位置，右脚并向左脚。

女士：右脚向后，身体左转，左脚在右脚前，右脚转动，右脚并向左脚，左脚向前左转 180°，右脚在左脚后，转到合适位置，左脚并向右脚。

4. 向左、右斜进步与斜退步（2 小节）

男士：1 左脚向斜前 1/8 一步，2 右脚向斜前 1/8 一步，3 左脚并向右脚，4 右脚向左前 1/8 一步，5 右脚向左前 1/8 一步，6 左脚并向右脚。

女士：1 右脚向斜后 1/8 退一步，2 左脚向斜后 1/8 退一步，3 右脚并向左脚，4 右脚向右后 1/8 退一步，5 左脚向左后 1/8 退一步，6 右

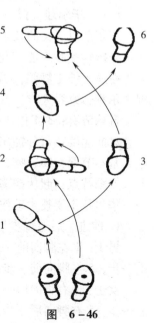

图　6－46

脚并向左脚。

5. 前进、后退交叉步（2 小节）

男士：1 左脚向女伴左侧前进；2 右脚向前，左转 1/4；3 左脚向前，左转 1/4；4 右脚向女伴右侧前进；5 左脚前进，右转 1/4；6 右脚前进，右转 1/4。

女士：1 右脚向左后退一步；2 左脚后退，左转 1/4；3 右脚后退，左转 1/4；4 左脚向右后退；5 右脚后退一步，右转 1/4；6 左脚后退，右转 1/4。

6. 转身变换步（2 小节）

男士：1 左脚向前一步；2 右脚向后，左转 1/8；3 左脚向前，右转 1/8；4 右脚向前；5 左脚向前，右转 1/8；6 左脚右转 1/8 并步。

女士：1 右脚后向退一步；2 左脚向前，左转 1/8；3 右脚向前，右转 1/8；4 左脚向后；5 右脚向后，右转 1/8；6 左脚右转 1/8 并步。

（二）维也纳华尔兹

维也纳华尔兹起伏回旋，转体流畅，是极富魅力的舞蹈，其旋律活泼、轻松、兴奋，跳起来使人情绪奔放，朝气蓬勃，被称为"舞中之王"。

音乐节奏：3/4 拍，即 3 拍跳 1 步，3 拍跳 2 步，3 拍跳 3 步。

舞曲速度：每分钟 50～56 小节。

基本节奏：嘭、嚓、嚓。

维也纳华尔兹主要技术动作与练习方法介绍：

1. 前进、后退舞步（2 小节）（见图 6－47）

男士：1 左脚向前一步，2 右脚向前一步，3 左脚向前一步，4 右脚向前一步，5 左脚向前一步，6 右脚向前一步。

女士：1 右脚向后一步，2 左脚向后一步，3 右脚向后一步，4 左脚向后一步，5 右脚向后一步，6 左脚向后一步。

2. 进退方步（2 小节）（见图 6－48）

男士：1 左脚向前一步，2 右脚经前再向右横一步，3 左脚并向右脚，4 右脚向后退一步，5 左脚经后再向左横一步，6 右脚并向左脚。

女士：1 右脚后退一步，2 左脚经后再向左横一步，3 右脚并向左脚，4 左脚向前一步，5 右脚经前再向右横一步，6 左脚并向右脚。

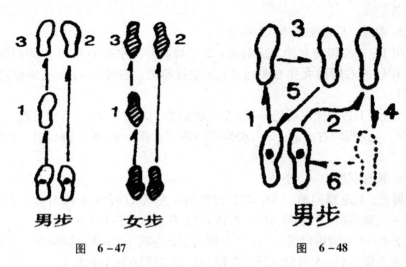

图 6-47   图 6-48

3. 左、右180°转步（2小节）（见图6-49）

男士：1右脚向前向右转1/8，2左脚经右脚向右转1/8，3右脚并向左脚，4左脚后退右转1/8，5右脚经过左脚向后右转1/8，6左脚并向右脚。

女士：1左脚向后右转1/8，2右脚经左脚向前右转1/8，3左脚并向右脚，4右脚向前右转1/8，5左脚经过右脚向前右转1/8。

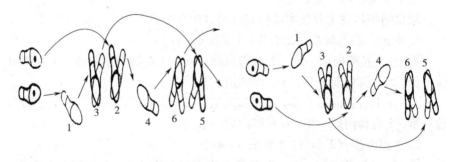

图 6-49

4. 转身变换步（2小节）

男士：1左脚向前一步；2右脚向后，左转1/8；3左脚向前，右转1/8；4右脚向前；5左脚向前，右转1/8；6左脚右转1/8并步。

女士：1右脚后向退一步；2左脚向前，左转1/8；3右脚向前，右转

1/8；4 左脚向后；5 右脚向后，右转 1/8；6 左脚右转 1/8 并步。

（三）布鲁斯（慢四步舞）

布鲁斯舞蹈的节奏与动作变化不大，进退平稳，跳起来从容不迫，给人以舒适、悠闲、平和、自由之感。

音乐节奏：4/4 拍，第 1 拍是重音，第 3 拍是次重音。

舞曲速度：每分钟 25 小节左右。

基本节奏：慢、慢、快快。慢占 2 拍，快占 1 拍。

舞蹈特点：轻松平稳，流畅优雅，仿佛在音乐中散步。

主要技术动作与要领：

1. 自由步（1 小节）（见图 6－50）

男士：1 左脚向前，2 右脚向前，3 左脚向前，4 右脚并步。

女士：1 右脚向后，2 左脚向后，3 右脚向后，4 左脚并步。

2. 前进横并步（2 小节）（见图 6－51）

男士：1 左脚向前，2 右脚并向左脚，3 右脚向前一步，4 左脚并向右脚，5 左脚向左横出一步，6 右脚并向左脚。

女士：1 右脚向后，2 左脚并向右脚，3 左脚向后一步，4 右脚并向左脚，5 右脚向右横出一步，6 左脚并向右脚。

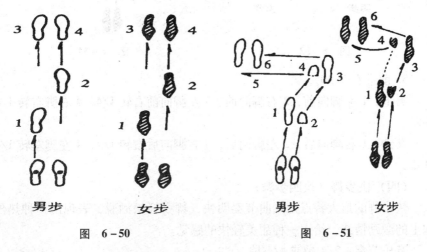

| 男步 | 女步 | 男步 | 女步 |

图 6－50　　　　　　图 6－51

3. 快拍中左转（2 小节）（见图 6－52）

男士：1 左脚向前，2 右脚并向靠近左脚，3 右脚向前一步，4 左脚并向靠近右脚，5 左脚向前左转 1/4，6 右脚并向左脚。

女士：1 右脚向后，2 左脚并向靠近右脚，3 左脚向后一步，4 右脚并向靠近左脚，5 右脚向后左转 1/4，6 左脚并向右脚。

4. 慢拍中左转（2 小节）（见图 6－53）

男士：1 左脚向前左转 1/4，2 右脚并向靠近左脚，3 右脚向后一步，4 左脚并向靠近右脚，5 左脚向前一步，6 右脚向前一步。

女士：1 右脚向后左转 1/4，2 左脚并向靠近右脚，3 左脚向前一步，4 右脚并向靠近左脚，5 右脚向后一步，6 左脚向后一步。

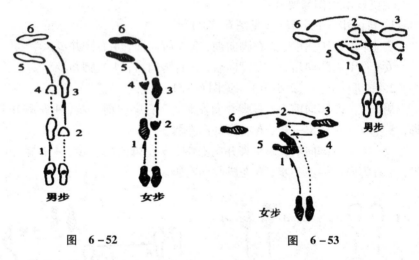

图 6－52　　　　　　图 6－53

5. 前进右转 90°

男士：1 左脚向前，2 右脚向前，3 左脚向前右转 1/4，4 右脚右转 1/4 并步。

女士：1 右脚向后，2 左脚向后，3 右脚向后右转 1/4，4 左脚左转 1/4 并步。

（四）快步舞（快四步舞）

快步舞的最大特点是舞曲节奏明快，舞姿轻松洒脱，表现出一种热烈向上的激励情绪，给人一种甜美轻快的感觉。

音乐节奏：2/4 拍或 4/4 拍。

舞曲速度：每分钟 50 小节，每小节 4 拍。

基本节奏：慢、慢、快快。慢步占 2 拍，快步 2 拍。

快四步舞主要技术动作与练习方法介绍（见图6-54）：

1. 行进后退步（1小节）

男士：1 左脚向前一步，2 右脚向前一步，3 左脚踏一步，4 右脚并向左脚。

女士：1 右脚向后一步，2 左脚向后一步，3 右脚踏一步，4 左脚并向右脚。

2. 交叉步（1小节）

男士：1 左脚向前一步；2 右脚在左脚后交叉，转向右前；3 左脚并向右脚；4 右脚在女士右脚外侧前进（男女成右侧行舞姿）。

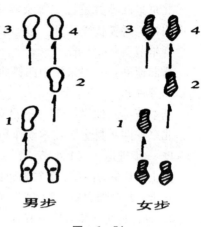

图　6-54

女士：1 右脚向后一步；2 左脚向后一步；3 右脚并向左脚；4 左脚向后一步。

3. 锁步（2小节）

男士：1 左脚向前；2 右脚向侧；3 左脚并向右脚，重力在左脚；4 右脚向左1/4前进；5 左脚向左1/4前进；6 右脚在左脚后交叉；7 左脚向左1/4前进；8 右脚并向左脚。

女士：1 右脚向后；2 左脚向侧；3 右脚并向左脚，重力在右脚；4 左脚向右1/4后退；5 右脚向右1/4后退；6 左脚在右脚前交叉；7 右脚向右1/4后退；8 左脚并向右脚。

4. 左横切步（2小节）

男士：1 左脚向侧，身体向右转；2 右脚向左斜后退；3 左脚向侧，身体向左转；4 右脚在女士左外侧前进；5 左脚向侧，身体向右转；6 右脚向左斜后退（男女成左侧行舞姿）；7 左脚向侧，身体向左转；8 重力从左脚转移到右脚。

女士：1 右脚向侧，身体向右转；2 左脚在男士左外侧前进（男女成左侧行舞姿）；3 右脚向侧，身体向左转；4 左脚向右斜后退（男女成右侧行舞姿）；5 右脚向侧，身体向右转；6 左脚在男士左侧前进；7 右脚向侧，身体向左转；8 重力在左脚。

（五）北京平四步舞

北京平四步舞是社交舞家族中唯一出自中国的交谊舞。其舞步平稳、简单明快，舞姿优美质朴，多彩多姿，热情活泼。

音乐节奏：4/4 拍。

舞曲速度：一般采用中四舞曲，每分钟26～32小节，也可采用快四舞曲，每分钟32～38小节。

基本节奏：1234 1234——没有快慢之分。

北京平四步舞主要技术动作与练习方法介绍：

1. 一步进退步（1小节）

男士：1左脚向前，2右脚原地踏步，3左脚向后，4右脚原地踏步。

女士：1右脚向后，2左脚原地踏步，3右脚向前，4左脚原地踏步。

2. 向后右交叉步（2小节）

男士：1左脚向左后方后退一步；2右脚并步；3左脚向右，身体右转1/4；4右脚并步；5左脚向右后退一步，身体左转1/4；6右脚并步；7左脚向右侧步，身体左转1/4；8右脚并步。

女士：1右脚向右前进；2左脚并步；3右脚向右侧步，身体右转1/4；4左脚并步；5右脚向左前进一步，身体右转1/4；6左脚并步；7右脚向右后退一步，身体右转1/4；8左脚并步。

3. 斜向拉手侧身步（1小节）

男士：1左脚向前，2右脚原地踏步，3左脚向后，4右脚原地踏步。

女士：1右脚向前，2左脚原地踏步，3右脚向后，4左脚原地踏步。

4. 拉双手正面左靠步（3小节）

男士：1左脚向前；2右脚原地踏步；3左脚向后；4右脚原地踏步；5左脚前进，右手将女士引导右转1/2；6右脚原地踏步；7左脚向后；8右脚原地踏步；9左脚前进，右手与女士手相握；10右脚原地踏步；11左脚向后；12右脚原地踏步。

女士：1右脚向前；2左脚原地踏步；3右脚向后；4左脚原地踏步；5右脚右转1/4向前，与男士相拉的手松开；6左脚右转1/2后退；7右脚右转1/4后退；8左脚原地踏步；9右脚向前，与男士右手相握；10左脚原地踏步；11右脚向后；12左脚原地踏步。

（六）伦巴

伦巴为"拉丁舞之王"。通过脚步向左右两侧的移动，胯部随重心摆动。特别是女士，每步都有胯部的摆动动作，再配以节奏鲜明而富有特色的乐曲，更显得婀娜多姿，美丽动人。

音乐节奏：4/4 拍。重音在每小节的第 1 拍和第 3 拍。

舞曲速度：每分钟 30 小节左右。

基本节奏：快、快、慢。快拍占 1 拍，慢拍占 2 拍。

伦巴舞主要技术动作与练习方法介绍：

1. 左、右侧移步（2 小节）

男士：1 左脚向侧；2 右脚向左并向左脚；3 左脚向侧，右脚并向左脚，重力在左脚；4 左脚向侧；5 左脚向右并向右脚；6 右脚向侧，左脚并向右脚，重力在右脚。

女士：1 右脚向侧；2 左脚向右并向右脚；3 右脚向侧，左脚并向右脚，重力在右脚；4 左脚向侧；5 右脚向左并向左脚；6 左脚向侧，右脚并向左脚，重力在左脚。

2. 左、右交叉侧移步（2 小节）

男士：1 左脚向左侧移步，2 右脚在左脚前交叉，3 左脚向左侧移步，4 右脚在左脚前交叉，5 右脚向右侧移步，6 左脚向右在右脚前交叉，7 右脚向右侧移步，8 左脚向右在右脚前交叉。

女士：1 右脚向右侧移步，2 左脚在右脚前交叉，3 右脚向右侧移步，4 左脚在右脚前交叉，5 左脚向左侧移步，6 右脚向左在左脚前交叉，7 左脚向左侧移步，8 右脚向左在左脚前交叉。

3. 左转步（2 小节）

男士：1 左脚向左侧移；2 右脚并向左脚；3 左脚向前，身体向左转 1/8；4 右脚向右侧；5 左脚并向右脚；6 右脚向后，身体向左转 1/8。

女士：1 右脚向右侧移；2 左脚并向右脚；3 右脚向后，身体向左转 1/8；4 左脚向左侧；5 右脚并向左脚；6 左脚向前，身体向左转 1/8。

练　习　题

1. 坚持练习，掌握瑜伽练习的基本动作和方法。

2. 安排合理的时间，每星期参加两次或两次以上的健身操练习。

3. 坚持练习自己熟悉的基本舞步，并不断充实提高。

本章主要参考文献

［1］王健、马军、王翔：《健康教育学》，北京，高等教育出版社，2006。

［2］赵栩博、崔海燕：《健美操套路教与学》，北京，北京体育大学出版社，2006。

［3］李岳峰、蒋仲君、张鹏：《时尚休闲运动》，北京，高等教育出版社，2007。

［4］卢锋：《休闲体育学》，北京，人民体育出版社，2005。

第七章

特殊形体矫正手段与方法

TESHU XINGTI JIAOZHENG
SHOUDUAN YU FANGFA

生命是美丽的，对人类来说，美丽不可能与人体的健康分开。

——车尔尼雪夫斯基

学习目标

- 了解日常的特殊体型
- 熟练掌握纠正特殊体型的基本方法和手段

我们都希望自己的体型端庄健美，体态挺拔优美，但是，遗憾的是有些人由于种种原因体型有这样或那样的缺陷和畸形。什么是畸形呢？畸形是指人体由于遗传或后天的营养不良及长时间的不正确姿势，所导致的骨骼变形和肌肉发育不平衡的现象。畸形给体型健美和身体发育与健康带来不良的影响，特别是有些轻度的畸形，由于不影响正常的生活和学习，往往不被人们所重视，久而久之，导致了畸形的加重，严重者甚至影响正常的学习和生活。到了中青年时期，随着骨结构的完全形成，光靠做矫正操和体育锻炼，效果不是很明显，必须采取治疗和体育锻炼相结合的方法才能奏效。

俗话说："世上无难事，只怕有心人。"只要我们有信心、有恒心，再掌握科学的锻炼方法，注意纠正日常生活中各种不良的身体姿势，养成良好的卫生习惯，人的身体发展不均衡可以得到不同程度的矫正，甚至完全矫治。下面我们根据现实生活中常见的畸形种类，有针对性地编排了矫正的练习手段与方法，练习者可根据自己的具体情况有选择地进行锻炼。

第一节
上肢特殊形体纠正方法

一、两肩高低不一矫正操

经常用同一侧的肩膀挎书包、背包，或肩扛、手提重物，使一侧肩关节周围的软组织长时间地处于紧张状态，久而久之，使肩部下肌群紧缩，上臂肌群拉长而成斜肩，从而导致两肩高低不一。矫正的练习有：

1. 面向镜子，两脚开立，与肩同宽，上体直立。两手持小杠铃片或哑铃下垂于体侧。然后吸气，同时两臂做侧平举，观察两肩是否在平行地面的一条直线上，然后呼气放下还原（见图7-1、图7-2），重复10~12次，共练习3组。

图 7-1　　　　　　　　　　　　图 7-2

2. 两脚开立，与肩同宽，上体正直。两手斜下举，低肩的一侧做提肩练习 10 次，另侧手自然下垂，然后双肩做提肩、沉肩膀（见图 7 - 3、图 7 - 4、图 7 - 5），练习 10 次，反复练习 4 组。

图 7 - 3　　　　　　图 7 - 4　　　　　　图 7 - 5

3. 两脚开立，与肩同宽，上体直立，低肩侧手持小杠铃片或哑铃等其他重物做单臂侧平举，另一侧手叉腰（见图 7 - 6、图 7 - 7）。重复 15～20 次，共练习 4 组。

图 7 - 6　　　　　　　　图 7 - 7

4. 两臂握拳侧平举向内、向外交替绕环。开始时向外绕小环，然后绕中环，直到绕大环。这项练习可增加双肩、双臂肌肉群的力量（见图7-8、图7-9、图7-10）。

图　7-8　　　　　　　图　7-9　　　　　　　图　7-10

还可采用其他纠正方法，如下：

1. 背向肋木，双手正握杠悬垂，女性做屈膝收腹举腿到大腿水平，男性举直腿至水平，控制15~20秒，反复练习3组。

2. 双杠双臂支撑，在帮助下做上下屈伸练习。要求：身体保持正直，防止前后、左右摆动屈伸，每组动作做10~15次，共练习4组。

3. 在帮助下对墙倒立，要求身体正直，两手用力均匀，每次停留30~60秒，共练习5次。

4. 在自由行进中，挺胸收腹，有意识地提低侧肩，每天要求做10次提低侧肩练习，一次持续时间为5分钟。

二、一臂粗、一臂细矫正操

通常情况下都是左臂细（左撇子除外），这是左臂用得相对较少的缘故。很多只用单臂的运动项目，如投掷项目、小球项目，因为只用一臂而造成两臂粗细不一。矫正的方法就是多练平时练得少的细臂，既练三头肌，又练肱三头肌，待这两块肌肉发达了，手臂也就发达了。矫正的方法有：

1. 单臂持哑铃（细臂）由自然下垂侧平举，稍停 2～3 秒。反复练习 20～25 次，共练习 3 组（见图 7－11、图 7－12）。

2. 单臂持哑铃（细臂）分腿站立，胸前屈肘弯举。反复练习 20～25 次，共练习 3 组（见图 7－13）。

图　7－11　　　　　　图　7－12　　　　　　图　7－13

一臂粗、一臂细的矫正还可采用以下的手段与方法：

1. 分腿站立，单手经体前至体侧，直臂下压拉一固定的橡皮筋。反复练习 15～20 次，共练习 3 组。

2. 两腿前后背向固定橡皮筋方向站立，单臂拉橡皮筋上举，臀下压，然后还原。反复练习 10～15 次，共练习 3 组。

3. 两脚开立，双手背后上、下拉弹簧，粗臂在下面，细臂屈肘从肩上至颈后拉住弹簧，至上举然后还原。反复练习 10～15 次，共练习 3 组。

4. 单臂持重物（小杠铃片或哑铃）仰卧做侧屈练习，一组 15～20 次，共练习 3 组。

5. 做单臂（细臂）三点支撑的俯卧撑 10 次，共练习 4 组。

三、溜肩矫正操

溜肩又叫垂肩，是指肩部与颈部的角度较大，正常男子颈部与肩部的角度在 95°～110°，女子在 100°～120°，如果男子或女子肩部与颈部的角度大于上述角度，就属于溜肩。造成溜肩的主要原因是，肩部的锁骨和肩胛骨周围附着的各肌肉群（如三角肌、胸大肌、背阔肌、斜方肌等）不发达、无力，使锁骨和肩胛骨远端下垂，从而形成溜肩，矫正的方法有：

1. 侧平举。两脚开立，与肩同宽，两手持小杠铃片或哑铃等其他重物下垂于体侧（见图 7-1、图 7-2）。随即吸气，持小杠铃片向两侧举起，手臂与肩齐时稍停 3～4 秒钟，再呼气。持小杠铃片慢慢放下还原至体侧，重复 10～12 次，共练习 3 组。

2. 屈臂提肘练习。两脚开立，两手于体侧提一重物或小杠铃片，当吸气时，两手持小杠铃片屈臂提肘上拉到上臂与地面平行，稍停 2～3 秒钟，然后再呼气，所持重物慢慢贴身放下还原，练习 8～10 次，共练习 4 组（见图 7-14、图 7-15）。

图　7-14　　　　　　　　　　　　图　7-15

3. 开肘俯卧撑，即俯卧撑时两肘与肩在同一水平线上，每组 10～15 次共练习 3 组。早晚练习（见图 7-16、图 7-17）。

4. 坐姿颈前推举。坐立，两手宽握距持小杠铃片置于胸上。上体保持挺胸、收腹、紧腰的姿势，随即吸气，持小杠铃片垂直向上推起，到两臂完全伸直为止，控制 2～3 秒钟；再呼气，慢慢放下还原。重复 10～12 次，练习 3 组（见图 7-18、图 7-19）。

图　7 – 16

图　7 – 17

图　7 – 18　　　　　　　　　　　　图　7 – 19

还可采用其他纠正方法，如下：

1. 两人一组的推板车练习，帮助者双手抱练习者两腿于体侧。练习者两手支撑向前爬行，要求不塌腰，臀部不左右摇摆，爬行时手臂伸直支撑。练习直到爬不动为止，重复练习3组。

2. 侧向拉橡皮条。两腿前后站立，双手于体侧拉橡皮条的两端（橡皮条从肋木中穿过，系在肋木上），上体保持挺胸、收腹、紧腰的姿势，随即吸气，两手从体后水平拉橡皮条至胸前平举。控制2～3秒钟，再呼气，手臂还原。重复练习15～20次，共练习4组。

3. 在帮助下，体操架上倒立屈伸练习。帮助者两手扶练习者两腿外侧，根据练习者的手臂力量大小情况，决定所给帮助力的大小，最后帮助其完成屈伸动作。当然要确保练习者身体姿势的正直、不摇晃。重复做7～10次，共练习3组。

第二节
躯干特殊形体纠正方法

一、驼背矫正操

驼背是指胸椎后突所引起的形态改变，这不是脊柱本身有病，而是因为经常低头、窝胸和背部肌肉薄弱，松弛无力所致。对于驼背的矫正，主要是加强背部伸肌的力量和牵拉胸部前面的韧带。

1. 两脚左右分开站立，同肩宽，两手臂背向体后相握，吸气时，两手用力向下伸，使两臂充分伸直，同时用力挺胸，使肩胛骨尽量靠近，动作至最大限度后，控制4～5秒钟，然后放松还原。重复做10～15次，早、中、晚各练习一次（见图7－20、图7－21）。

图 7-20 　　　　　　　　　　　图 7-21

2. 俯卧两头起。俯卧在垫上或床上，两手伸直，吸气，头、胸部和腿部同时向上抬起，使身体成背弓形，控制 4～5 秒，再呼气，还原放松。重复练习 8～15 次，共练习 3 组（见图 7-22、图 7-23）。

图 7-22

图 7-23

3. 离墙 50～80 厘米站立，两臂前平举，两足尖靠近，上身向墙倾倒的同时，双手顺势屈臂支撑，控制 5～10 秒，手掌推墙，身体还原成直立。重复练习 15～20 次，共练习 4 组（见图 7－24）。

4. 面对墙，两脚左右分开站立，两臂前上举，两手掌扶墙，用力抬头，挺胸，塌腰，撅臂，使整个手臂接近或全部贴墙，动作至最大幅度后控制 4～5 秒钟，然后放松。反复做 10～12 次，共练习 3 组（见图 7－25、图 7－26）。

图 7－24　　　　　　　图 7－25　　　　　　　图 7－26

5. 颈后推举。两脚开立，两手推哑铃，握距比肩稍宽，置于颈后，挺胸、收腹、紧腰，然后吸气，用力向颈后上方举起哑铃，至头顶后上方两臂完全伸直为止，控制 2～3 秒钟，再呼气，慢慢放下还原。反复练习 10～12 次，共练习 4 组（见图 7－27、图 7－28）。

6. 仰卧提胸挺。仰卧，两臂于体侧伸直扶地，用力向上挺胸使背部离开地面最大限度，控制 2 秒钟，还原成仰卧。反复练习 15～20 次，共练习 2 组（见图 7－29、图 7－30）。

图 7-27

图 7-28

图 7-29

图 7-30

7. 扩胸, 两臂屈肘前平举, 握拳相对, 然后分别向左右挥摆做扩胸运动, 并同时做抬头、挺胸、收腹动作。反复练习 15～20 次, 共练习 2 组 (见图 7-31、图 7-32)。

图 7-31

图 7-32

矫正驼背，除了以上的方法外，要特别注意平时良好习惯的养成，应坚持睡硬板床。上床以后，入睡前，不妨背后垫个高枕放松全身，让头后仰。睡的枕头宜薄，尽量采取仰卧，不要侧身低头蜷身而睡，否则会加重驼背。白天要经常保持挺胸、收腹、紧腰的姿势，肩膀向后舒展，特别是青少年在学习时，坐时除要维护脊柱挺直的姿势外，写字、看书时桌椅高低配置要合适。这是治疗驼背的良方。

二、鸡胸矫正操

鸡胸是一种软骨病，它是由于患佝偻病使得肋骨后侧向内凹陷，胸骨部分抬高、突出，从外形上看，整个胸部的形状就像鸡的胸脯。患鸡胸的人由于胸廓变形，直接影响胸腔内的心肺功能和正常发育功能，同时对疾病的抵抗能力也降低。因此，需要采用有效的方法改善胸廓外形，弥补鸡胸所造成的缺陷。矫正的方法有：

1. 双手推膝。坐立，两臂体前交叉，按在异侧腿的膝部，吸气，双手向外推膝，而两大腿内收用力保持膝不动，要持续对抗一段时间（5~10秒钟），然后呼气，还原放松。重复10~15次，共练习3组（见图7-33）。

2. 自然站立，两臂向外绕环一周成双腿全蹲，同时含胸低头，双手抱住小腿，控制2秒钟，然后还原成直立。反复练习10~15次，共练习2组

（见图 7-34、图 7-35、图 7-36、图 7-37）。

图 7-33

图 7-34

图 7-35

图 7-36

图 7-37

3. 双手掌挤压。两脚自然开立，两手肘抬平，水平相反用力，好似要把手掌中的物体挤扁似的，挤压动作要在最大力量上持续 5~8 秒钟。用力时吸气，还原放松时呼气。重复 10~15 次，共练习 3 组（见图 7-38）。

4. 双手夹提小杠铃片。双手掌在胸前夹住并提起小杠铃片，控制 5～8 秒钟后再把重物放下。用力夹提时吸气，还原放松时呼气。反复练习 10～15 次，共练习 3 组（见图 7-39）。

图 7-38   图 7-39

5. 俯撑。向上弓背，提臀到最大限度，控制 2～4 秒钟后还原成俯撑。反复练习 10～15 次，共练习 2 组（见图 7-40、图 7-41）。

图 7-40   图 7-41

除了以上方法，还可以通过牵拉橡皮条、举哑铃等方法进行纠正，例如：

1. 把橡皮条穿过肋木，两手在体侧拉橡皮条两端成侧平举。吸气时，两手侧平拉橡皮条到前平举，控制 4～5 秒；呼气时还原成侧平举。反复练习 10～15 次，共练习 3 组。

2. 平卧扩胸。仰卧在长凳上，两手握哑铃，掌心相对，两臂伸直持哑铃置于胸部上方。然后吸气，两臂向两侧慢慢将哑铃向两侧及下方拉开到两手略低于两肩，控制 2 ~ 3 秒钟，接着呼气，缓慢还原。反复练习 10 ~ 12 次，共练习 3 组。

3. 双杠上的双臂屈伸或支撑摆动。练习 5 ~ 8 次，共练习 3 组。

三、脊柱侧弯矫正操

脊柱侧弯是指人的脊柱发生向左或向右的弯曲。轻者表现为两肩不等高，腰凹不对称；重者可见胸部、胸腰部至腰部一段的脊柱向一侧弯曲，同侧背部隆起，胸廓塌陷，严重的可影响心肺功能和内脏功能。在脊柱侧弯初期，做矫正操效果最显著，因为这时骨骼和韧带还没有发生异常的变化。侧弯发生较久，由于一侧的肌肉韧带松弛，另一侧发生萎缩，矫正起来就不如起初那样快了。一旦侧弯长久，脊椎骨本身往往也随着变形，矫正就更困难了。但是，如果能长期坚持做矫正操，还是能防止侧弯的再发展，使脊柱发育得直一些。常见的矫正练习有：

1. 两脚开立，腿伸直，一手叉腰，一臂侧上举，向叉腰一侧做体侧屈运动，振幅要逐渐加大。也可一手叉腰，一手放于头上，向叉腰侧做体侧屈运动（见图 7 - 42、图 7 - 43）。

图　7 - 42　　　　　　　　　　　图　7 - 43

2. 俯卧，两臂弯曲体前撑地，将脊柱侧突一方的腿用力向上抬起，同时异侧的手臂伸直前举，控制 3 ~ 4 秒钟，还原。连续做 10 ~ 15 次，共练习 3 组（见图 7 - 44、图 7 - 45）。

图　7 - 44

图　7 - 45

3. 体转练习。两脚开立，双手持小杠铃片于胸前，扭转躯干，做向胸椎曲凸的同方向的体转运动。完成一次体转后，两臂轻置体侧。连续练习 20 ~ 30 次，共练习 3 组。在动作过程中要注意双腿伸直，不要移动双脚，以免减低锻炼效果（见图 7 - 46、图 7 - 47、图 7 - 48）。

脊柱侧弯还可以通过牵拉橡皮条、借助肋木等器物进行纠正：

1. 手扶肋木体侧屈。身体正侧面对肋木站立，用胸椎侧凸面方向的手扶肋木，另一手上举向肋木做体侧屈运动。在练习时，必须抬头，挺胸，收腹，上体不能前倾。重复 30 ~ 50 次，共练习 3 组。

2. 双手握杠或肋木悬垂。两手相距约与肩同宽，两臂伸直，肩关节用力向上拉，使头位升高，然后肩关节放松下沉。重复做 10 ~ 15 次，共练

3 组。

图　7－46　　　　　　　图　7－47　　　　　　　图　7－48

3. 肋木悬垂侧摆。正面双手握肋木，两腿并拢，身体悬重，向左右侧摆，以使侧弯的脊柱逐渐伸直。连续摆动 30～50 次，共练习 4 组。

4. 跪立，甩动两臂，左右回转上体，或两臂侧平举，回转上体。每次连续做 30～40 次回转，共练习 4 组。

四、扁平胸矫正操

造成扁平胸的主要原因是胸部肌肉发育不良。尤其是女性，在胸腔上有胸小肌和胸大肌，在胸肌表面第 3～6 肋间有一个半球形的乳房，乳房主要由乳腺和脂肪组成。乳房大小和形状随年龄而有不同，对于那些雌性激素不足加上偏瘦的女青年，她们的乳房扁平偏小；从事耐力和有氧训练过多的人，由于脂肪的消耗而使身为脂肪球的乳房变得扁平。使胸部隆起的练习方法如下：

仰卧于垫上，两臂侧举，手持哑铃，随即吸气，两臂用力向上夹胸举起，同时挺胸、收腹、抬头，稍停 4 秒钟。然后呼气还原。重复 15～20 次，共练习 3 组（见图 7－49、图 7－50）。

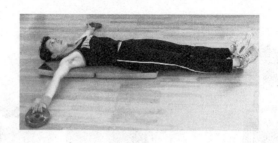

图　7-49

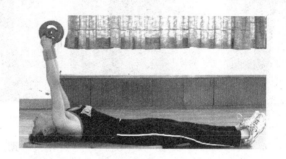

图　7-50

扁平胸矫正的手段与方法还有很多种：

1. 俯卧撑。可以是分腿的，也可以并腿；可以是手脚同一高度，也可以脚高手低。吸气时，两臂用力撑地屈肘与地面平行，同时抬头，挺胸，还原成俯卧姿势。重复练习 15～20 次，共练习 3 组。

2. 自然站立，两脚开立同肩宽，紧腰、收腹、挺胸，两手分别握拉力器的两端，两臂伸直上抬至胸前，深吸气的同时，两手平稳而均匀地将拉力器向两侧拉开，到最大限度后控制 2～3 秒钟，然后呼气，慢慢还原。重复练习 15～20 次，共练习 3～4 组。

3. 两脚前后站立，背向肋木双手臂上举，拉挂扣在肋木上的橡皮条，吸气时，双臂从上举位直臂下压，到最大极限后控制 2～3 秒，然后呼气还原。重复练习 10～15 次，共练习 3 组。

第三节
下肢特殊形体纠正方法

一、罗圈腿矫正操

腿部不直，影响形体美，常见的罗圈腿也称 O 形腿，它指的是膝关节内翻，是儿童期骨骼发育畸形造成的，多半是站立过早或行走时间过长，或缺乏营养和锻炼所致。测量判断的方法是：双脚踝部并拢，双膝不能靠拢，并形成 O 字形。

医学上一般将此类病划分成三个不同程度：轻度，两膝间距在 3 厘米以内；中度，两膝间距在 3 厘米以上；重度，走路时左右摇摆。这种腿型形成的主要原因是大、小腿内外两侧肌肉群及韧带的收缩力量与伸展力量不平衡，因此年纪越轻，矫正的效果越好，矫正的办法有：

1. 两脚开立，上体前屈，两手扶膝关节外侧，当双腿屈膝半蹲的同时两手用力向内侧推压膝关节，尽量使两膝内扣，然后慢慢放开还原。反复做 10～15 次，共练习 3 组（见图 7－51、图 7－52、图 7－53）。

图 7－51

图 7－52

图 7－53

2. 坐立，两腿屈膝左右分开，两脚掌着地，两手于体后撑地，上体稍后倾，两腿用力向内夹，使两个膝关节尽量靠近，上体和脚不动，当到最大限度时，控制 2 秒钟，然后还原。反复做 10～15 次，共练习 3 组（见图 7-54）。

3. 直立，左小腿向外侧踢，用足外侧碰左手，或可用绳子系住一个小沙袋，绳头握在左手中，用左小腿外侧去踢小沙袋，使小腿内侧肌群伸展，外侧肌群收缩，踢 10～15 次，换右腿踢，共做 3 组（见图 7-55）。

4. 两腿直立，做内外八字交替的横行移动 10～15 次，共做 3 组（见图 7-56、图 7-57）。

图 7-54

图 7-55

图 7-56

图 7-57

罗圈腿除以上纠正方法外，还可借鉴以下几种手段：

1. 直立，做两膝间用力夹紧，放松练习。反复进行，为增加夹紧的程度，两膝间可夹一物体，保持所夹物不掉落。时间为 20 秒 1 次，反复做 10～15 次，共做 4 组。

2. 晚上睡前，两膝下处用宽带绑起来，到第二天早上放松。开始可以绑松一些，以后逐渐加紧，但不能影响血液循环，直到两膝靠紧为止，每星期 1～2 次。

二、X 形腿矫正操

与 O 形腿一样，X 形腿也是由于先天遗传，后天营养不良，幼儿时期走坐的姿势不正确所引起的。它是指股骨内收、内旋和胫骨外展、外旋形成的一种骨关节异常现象。测量判断的方法是：站立，两膝并拢，两腿不能并拢，间隔距离为 1.5 厘米以上的属 X 形腿。X 形腿的矫正困难较大，但经常坚持练习，就会收到一定的效果。其矫正的方法有：

1. 坐立，左腿于体前伸直，右腿屈膝外展，脚放在左腿的膝关节处，左手扶脚跟，右手扶右膝的内侧，右手掌用力将右膝向下压，压至最大限度，然后慢慢放开还原。重复练习 15～20 次，换另一腿做，共练习 3 组（见图 7 - 58）。

2. 坐正，脚掌相合，两手扶膝轻轻下压，到最大限度，控制 4～5 秒钟，然后还原，注意脚掌不能分开。反复练习 8～10 次，共练习 3 组（见图 7 - 59、图 7 - 60）。

图 7 - 58

图 7 - 59

图　7－60　　　　　　　　　　　图　7－61

3. 坐立，左腿向侧打开伸直，平放在体前45°方向的地上，另一腿于体前屈膝着地，上体稍右转，两手于体侧撑地，体前倾，胸部贴紧膝关节的内侧，并使上体下压，两臂充分前伸至最大限度，控制8～10秒钟，然后还原，稍放松。重复练习4～5次，换方向做（见图7－61、图7－62）。

图　7－62

其他的纠正方法与手段有：

1. 坐在椅上，两臂后撑，两踝处夹紧一件软的物体，足跟着地，用足带动腿尽量前伸后，控制4～5秒，然后还原放松。连续做10～15次，共练习3组。注意所夹物体要用厚的，以后再逐渐换薄的。

2. 坐正，两臂身后支撑，用橡皮圈套在脚踝上，两腿伸直抬起，两脚用力向左右分开，动作要慢，然后还原。重复练习8～10次，共练习3组。

三、八字脚矫正操

八字脚，有外八字和内八字之分，走路时两脚尖向内扣的称内八字脚；走路时两脚尖向外撇的称为外八字脚。常见的大多是外八字脚，它是因为年幼过早站立学走路，腿的力量弱，很难保持身体平衡，脚尖自然向左右分开，慢慢形成习惯。一般情况下，脚尖内扣或外撇不明显的不叫八字脚。如果脚尖指的方向与前进方向之间的夹角超过40°角，这不但影响身体姿态的健美，而且在跳跑时脚掌一侧着力，不能充分利用所有的脚趾蹬地，后蹬力和弹跳力减弱。影响跑跳的速度和高度，锻炼吃力，工作不便，这就需要矫正，矫正的方法有：

1. 平时走路和跑步，随时注意检查自己的膝盖和脚尖是否正对前方，在一直线上，也可以画一条直线，来回练习。

2. 反复练习从高台阶上往下跳，有意识地在空中并拢脚尖并控制落地，落地后检查，脚尖是否并拢。

3. 两脚交换用脚内侧连续向上盘踢毽子，或者用脚外拐踢毽子。纠外八字脚用双脚外侧踢，纠内八字脚用双脚内侧踢。

4. 以15米为半径画圆，再通过圆心画直径，直径两端各延长1米。练习时，站立在直径的延长线上起跑，接弯道加速跑至直径的另一端延长线上，然后沿圆弧线走半圈，如此反复。左脚外撇严重时按顺时针方向跑，右脚外撇严重时跑向相反，这种训练方法比直线效果好。

四、扁平足矫正操

扁平足又叫平底足，是因足弓塌陷，足部肌肉和韧带的力量薄弱，不能维持正常足弓姿势引起的。扁平足在走路时容易疲劳，走路多时感到脚痛，也不能长时间站立和搬扛重物；运动时小腿肌肉和腰部难以适应，甚至下股血液循环发生障碍，出现足部肿胀，小腿前面肌肉痉挛。检查是不是扁平足很容易，两足沾水，在地上踩个足印，看足印内侧中间有无凹陷，要是没有凹陷，就是扁平足。造成扁平足的主要原因是先天性肌肉和韧带发育不良，经常站立和负重过久，以及足肌过度疲劳、肌力减退、足弓塌陷、过度肥胖、足弓不能维持正常、缺乏锻炼、足弓力量不足等。大多数的扁平足是非病理性的，而且是轻度，只要能及时采取措施，是可以矫正或者减轻的。矫正的方法有：

1. 双手持哑铃做足尖走，足跟走，足底外缘着地走，各练习1~2分钟。

2. 双脚并腿用前脚掌站在肋木上，双手扶肋木，做起踵练习，连续做15~20次，共练习3组。

3. 坐立，两腿前伸，用力勾足尖和绷足尖，并且尽量使足外翻或者内翻，控制20秒，反复练习多次。

4. 两足心合抱一小皮球，前后左右揉动，速度慢慢加快，做20秒钟，共练习4组。

5. 足尖向内或向外绕环各20次，共练习2组。

6. 踮足尖跳绳，连续跳2分钟，共练习3组。

五、大腿过粗修饰法

腿的粗细主要是由腿部肌肉体积的大小和皮下脂肪的多少决定的。肌肉的体积大、脂肪多，腿就粗，要想减肥，就需要采取长距离、长时间的慢动作的运动方法，其中以慢肌纤维参加工作的耐力性运动项目减肥效果最好。由于慢肌群在收缩时的速度慢、力量小、活动强度低，能长时间地工作，慢肌群周围的毛细血管比较丰富，氧化脂肪的能力也较强，锻炼的结果会使肌纤维弹性变大，力量增强；同时能消耗较多脂肪，使两腿内外形变得匀称。如果每天能节制饮食，坚持做30分钟的腿形修饰操，2~3个月后，双腿多余的脂肪逐渐消失，外形开始改善。

1. 仰卧，双脚微微抬离地面，轮流弯曲和伸直（见图7-63、图7-64）。

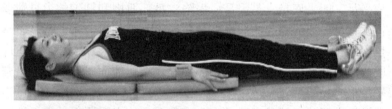

图 7-63

图 7-64

2. 坐在椅子上，双腿伸直，然后抬起，越高越好，并尽量保持这个姿势几秒钟，缓慢放下（见图7-65、图7-66）。

图　7-65　　　　　　　　　　　　图　7-66

3. 仰卧，先弯双腿贴近胸。然后缓慢向上伸直双腿，与身体垂直回到开始姿势，再做（见图7-67、图7-68）。

图　7-67　　　　　　　　　　　　图　7-68

4. 坐在地板上，弯曲双腿，脚掌尽量贴近大腿，双手放在身后支撑地面，缓慢转动膝盖，尽量碰到地面（见图7-69、图7-70）。

图 7-69 　　　　　　　　　　　　　图 7-70

大腿过粗还有以下多种纠正方法与手段，可根据自己的情况和场地条件进行选择性练习：

1. 屈膝仰卧，脚掌着地，脚掌不离地面，膝盖分向两边再合拢。

2. 仰卧，转动伸直的双脚，先向里，膝盖互相靠近，再朝外。

3. 仰卧，双脚完成蹬自行车的动作，速度越快越好。

4. 侧卧，一条腿压另一条腿，膝盖弯曲成直角，一只手撑头，另一只手在胸前撑地。向上抬一条腿，抬得越高越好，然后这条腿在空中划弧，尽量让膝盖碰到地面，做6～12次后，换方向做。

5. 准备姿势同上，一条腿蜷起，贴近身体，然后，仿佛克服阻力，用力伸直，能做多少次，就做多少次，换方向做。

6. 四肢着地，身体前倾，向一边抢右腿，脚尖着地，换左腿再做。

7. 右侧卧，右手胳膊肘支撑身体，左腿弯曲放在右腿膝盖外侧着地。左手握左脚踝关节，微微向上抬起右腿，使有疲劳感，换左侧卧再做。

8. 站立，双手扶椅背，缓慢向两侧抬腿，先右后左。

9. 站立，以手叉腰，双脚轮流做前弓箭步，也可以向两边做侧弓箭步。

10. 站立，侧身贴近支柱，一只手抓住支柱，向前向后使劲踢腿，换腿再做。

六、一腿粗、一腿细矫正操

造成一腿粗、一腿细的原因，一般是由于损伤，受伤腿肌肉萎缩，或先天性的小儿麻痹症而无法运动造成一侧肌肉群长期得不到工作，而退化到失去功能。但只要经过科学的训练，是能够矫正的，方法有：

1. 专门练单腿的股四头肌和股二头肌，最好采用双人对抗法。让同伴压按住细腿，促其用力伸直，做腿屈伸来发展股四头肌；让同伴抓住的细腿做单腿的腿弯举，在对抗中练股二头肌的肌力。

2. 用斜蹲练双膝关节肌肉、韧带的力量，然后将重心转移到弱腿再做斜蹲，促进细腿增粗。

3. 做单腿半蹲。练时要注意安全，加强保护，用中小重量来练习。

4. 做不负重的单腿起。双手把杆练习，在单腿无力站直时用双手扶持起立。

5. 在综合力量架上用单腿做腿屈伸。通过抗阻练习发展股四头肌。

6. 在沙坑中（跳远沙坑）做单腿的连续跳跃练习，脚跟不着地。

练习思考题

1. 由于金融行业的工作特点，职工们容易发生体型变化的部位是什么？该如何进行预防和纠正？

2. 每天进行快走 20～30 分钟的练习，增强下肢的力量及关节的灵活性。

本章主要参考文献

[1] 单亚萍：《形体艺术训练》，杭州，浙江大学出版社，2004。

[2] 杨斌：《形体训练纲论》，北京，北京体育大学出版社，2002。

[3] 王幸福、罗迪：《银行礼仪》，北京，中国金融出版社，1999。

[4] 洪涛：《空乘人员形体及体能训练》，北京，旅游教育出版社，2007。

第八章

人体形体美的标准及评价

RENTI XINGTIMEI DE BIAOZHUN
JI PINGJIA

人体的美，是美中之美，来自其生命和自然流动。

——刘海粟

学习目标

- 了解人体美的基本内涵
- 基本掌握人体形态美的评价标准

爱美、追求美是全人类的共同心愿，是人的天性。千百年来，各个国家和民族，由于物质文明和精神文明的差别，由于气候、地理条件、风俗习惯、生产和生活方式的差异，都有自己传统的美的观念。

人对形体美的追求是在生存条件得以极大改善的基础上发展而来的一种审美需要。在市场经济繁荣、社会政治稳定的历史条件下，人处在无忧无虑的积极乐观的状态中，在与自然相互协调中获得审美享受，也就必然把高级形态——人体作为审美的对象。这是健康进取的表现，是社会兴旺发达、国家经济稳定发展的标志。当然，追求形体美的程度也反映了每个人的文明水平和整个国家的文明程度。在不同的时期、年代、民族、区域、阶层、地位和不同的生活条件下，审美观点和审美标准也不尽相同。因此，评价人体形态美的标准也是相对的。人的美不仅是外在的美，还有内在的气质，是综合美在一个人身上的体现。正如霍姆林斯基所说的那样：美——是道德纯洁、精神丰富和体魄健全的强大源泉。

第一节
人体美

人体美是人类所有审美对象中最完整、最深刻、最动人的一种美。它不仅包含外表的美，还包含内在的气质美，是人身上综合美的体现。"人体以它生动、柔和的线条和轮廓，有力的体魄和匀称的形态，滋润、光泽、透明的色彩成为大自然中最完美的一部分，标志着我们这个星球上最高级生命的尊严。"著名美学家朱光潜先生的这段话精辟地说明了我们追求人体美的价值。

人体美分为内在美和外在美。内在美是美的核心、美的灵魂，它表现了人的思想、道德、情操、作风等最根本和本质的东西；外在美主要给人在容貌、形体、举止等方面的感觉和印象。只有当内在美和外在美统一时，人体的美才是真正的、完善的美。

一、人体美的基本内涵

人体美也称为个体美、个性美。人，不仅具有自然属性，也具有社会属性。因此，人体所表现的美不仅包含自然美，也包含社会美，而且沟通了两者美的关系，成为一种高度综合的美。人体的自然美是人的生理解剖特点所形成的肉体的美，是指一个人的容貌形体、外部修饰所表现出来的美，只属于整个人体美中的一部分；而社会美是人的内在的品质、性格、思想、行为等形成的精神美，包括品德、学问、修养、谈吐、举止、能力、才艺、智慧、志趣、爱好、风度、格调等内在的东西。

（一）自然美

自然美的主要特点是侧重于形式，以自然原有的感性形式直接唤起人们的美。自然形成的人体解剖结构最适合于人体的各种生理功能，它体现了人体自然形式的美，这种美是最单纯、最基本的美的形态。一切美的自然事物（包括人体）都在不同的方面和不同的程度上具有一定的形式美，通过形式或形象的美鲜明地表现出它的种类（如人、人种或民族）的普遍性和本质。人体的自然美是最具有普遍意义的美，因此，我们应该重视人体的自然美。

人体的自然美是按照不同年龄、不同性别、不同职业特征所形成的生理、心理特点的表现，是不加附带条件地显示出来的人体的美，这种美带有质朴、纯真的特点，因而也是最感人的。

（二）社会美

社会美是指社会生活中的美，它在美的各种形态中具有重要的意义，并经常表现为各种积极肯定的生活形象。社会美不仅根源于实践，而且本身就是实践的最直接的表现。人类社会生活的内容很丰富，而社会美表现为人本身的美，表现为那些为了争取人类的进步和解放而英勇战斗的生活形象。在社会实践中，体现人的献身精神、智慧和力量的形象等都是社会美的重要表现。

人体的社会美重在内容，即人的内在品质、性格等。所谓"木体实而花萼振，水性虚而沦漪结"，"诚于中而形于外"等，都说明事物的内在品质对外在感性形式上的决定作用。我们应把心灵美、内在美和精神美放在人体美的首位。正如美学家蔡仪所说："人的肉体的美是自然美，他的精神的美便是社会美。人的内在品质、性格、思想如果符合社会美的规律，表现在行为方面，表现在人和人的社会关系方面，就是一般所谓的善。在社会生活领域中，美和善在根本上是一致的。美的事物未必全都是善的，但善的事物却一般地就是美的事物。"这段话论述了美和善的关系，充分说明了人体的社会美必须具备内在的道德源泉。

二、人体美是体型美、姿态美、动作美和风度美的统一体

生活在社会中的人和各种静物不同，人是运动的，而且产生着我们这个星球上最高级的运动形式。人体的美绝不等同于孔雀一身绚丽的羽毛，也绝不等同于猛虎全身威严的斑纹。人是有思想、会语言的高等动物，人

在自己的思想支配下有各种静态的姿势和动态的动作，由这些姿态和动作联合起来构成风度。人的体型是要通过各种姿态和动作表现出来的，如舞蹈演员长得再美，站在舞台上不摆姿态不做动作，就难以为美。世界上的选美比赛是通过各种姿势和动作来选拔或淘汰选手的；服装模特儿也是通过各种姿势和动作的表演，才反映出体型和服装的美。但是，人的姿态和动作必须以体型的美作为基础轮廓，体型不美的人，要想做到姿态和动作的美，难度就较大，矮小的舞蹈演员要想做到动作幅度大、舒展大方，相对来说就比较困难。所以，要追求人体的美，必须将体型美、姿态美、动作美和风度美四者有机地结合起来，使人体的美具有更多的稳定性。

（一）体型美

体型是指人的整体指数（如身高、体重）和各部位的比例关系（如坐高、腿长、胸围、肩宽）以及人体解剖结构形成的外观特征。说到体型美，人们就自然地想到男性匀称强健的体魄、粗壮发达的肌肉，以及女性丰腴柔和的体态、高挑修长和优美苗条的身材；人们也会自然地联想到著名古希腊维纳斯和海格拉斯的雕像，他们那种令人难忘的形象，蕴涵着永恒的魅力。

在现代社会里，人们对体型美有着各自的认识、欣赏和追求，并据此将人的体型分为肌肉型、艺术型、体能型和自选型四种类型。通过力量练习，使身体各部分肌肉特别发达的形体称为肌肉型，其特征是身体各部分肌肉特别发达，肌肉线条清晰。通过舞蹈和艺术体操等训练并与塑造形体相结合，可造就艺术型体型，其特征是身体各部分脂肪少，肌肉的协调性、灵活性好，肢体修长，动作优美动人。通过发展体能和发展身体素质相结合而塑造成的形体（如体操、游泳和田径等运动员的形体）称为体能型，其特征是形体适应各项目的需要，肌肉发达而灵活，能承受大负荷的训练和比赛。根据各自的身体条件，塑造自己理想的形体，称为自选型，其特征是弥补自身的身体缺陷，使身体协调发展。

总而言之，人们对体型美的认识随着历史的发展在不断加深和变化，从而形成了不同时代的审美观和体型美的标准。但是，使身体匀称、和谐、健美地发展，使自己拥有健美的躯体是人们的共同愿望。在体型美的特点上男女有别，男性应拥有阳刚之美，把健、力、美和谐地统一于躯体；女性应拥有阴柔之美，使身体各部位肌肉匀称和谐地发展，同时又保持女性身体曲线美的自然魅力。

（二）姿态美

人的外在美，除了人体本身的静态美外，还表现为运动中的动态美。姿态美是人体几种基本姿态所表现出来的静态和动态的美感，包括站立、行走、坐、卧等人体基本姿态的美感。它要求人的一举一动、一颦一笑都是协调的。坐立时，要优美挺拔，显得精力充沛；行走时，抬头挺胸，要英姿焕发，刚劲有力；卧时，也要姿势平稳，规矩端正，舒适大方，这样才能显示出人的健康美。人的体型在一生的不同阶段中是在不断变化的，而姿态动作是持续的、动态的，比较稳定，因此，与体型美相比，姿态美更为重要。

（三）动作美

动作是指全身或身体一部分的活动。人的动作是在高级神经系统支配下实现的，人的绝大多数动作都是有意识、有目的的。人的任何动作都是自己行为的组成部分，受到一定动作的支配。不同的动作特点会给人留下不同的感觉和印象。高尚的动机可以指导出美好的动作，卑劣的动机则往往引出丑恶的动作。准确、灵敏的动作给人以应付自如、连贯流畅的感觉，有力量、有节奏的运动给人以信心和气魄的感觉，如果所有这些要求都能达到，那么就会给人以轻松、活跃的动感，美的感受也随之而来。

人体的动作美和体型美相比较，动作美显得重要得多。英国哲学家培根曾经说过："相貌的美高于色泽的美，而秀雅合适的动作的美，又高于相貌的美，这是美的精华。"确实如此，人体不同于石膏塑像，它通过空间活动的变化和样式的不同来确定自身与周围环境的关系。稳健、优雅、端正的姿态，敏捷、准确、协调的动作，不仅本身就是一种美的造型，而且可以弥补体型上的某些缺陷。如果一个人虽然体形无可挑剔，做起动作来却鲁莽、粗俗，举手投足令人生厌，又如何能称得上美？如果一个人表现得风度翩翩，或稳健持重，或举止文雅，或谈吐不俗，则自然可以让人联想到美，联想到此人思想境界的深度。

（四）风度美

风度美泛指人的仪表、言谈、举止、作风和态度的总和。风度既是人的行为举止的综合，又是人的性格品质的外在表现。精神世界的美丑是风度内在的依据，风度则是精神世界的外在表现形式。风度有着丰富的内涵，既表现人的静态美，又表现人的动态美，从而反映出内在美。风度美比外表美更具内涵，更含蓄，更偏重于修养。

一个人风度的形式，与他的生活经历、文化素养、性格、兴趣等有关，同时也受到时代、阶级、职业、生活理念、道德情操等因素的影响。风度贵在自然，贵在内涵的自然流露，妙在天然适度，浓妆淡抹总相宜。风度美指的是要一个人的行为姿态、言谈举止、衣着打扮表现出文明礼貌、朴实大方、优雅潇洒、活泼健康。这就要求一个人不断地加强自我修养，端正品行，陶冶情操，扩展知识，开拓视野，提高审美能力。

三、人的行为美

行为是指人受思想支配而表现出来的活动。人的行为美与姿态美既有联系，又有区别。行为美不仅包括了一个人的举止风度的美，而且更侧重于与道德意义上"善"的联系。评价一个人的行为美不美，主要看其是否符合社会道德规范，符合者为美，反之为不美。从这个意义来看，行为是心灵的外在形式，反映着心灵的内容。美的行为折射出美的心灵，丑的行为反映肮脏的灵魂。

行为美要求人的行为必须符合社会规范。如做到相互礼让，敬老爱幼，同情病残，讲究卫生；举止大方端庄、自然豁达、不卑不亢；热情而不轻浮，勇敢而不鲁莽，豪爽而不落于粗俗，聪明而不流于油滑，自尊而不自大，谦虚而不虚伪。当一个人的行为充分显示出"善"，人们就从其行为上看到了美。

四、人的心灵美

心灵美是指人通过自己的言谈举止、行为等表现出的内心世界美，它包括思想品德、情感操守、精神意志、智慧才能的美。心灵美影响、支配着外在的美，是人的美的本质和核心。因为心灵美的审美价值直接体现出社会价值的意义，而外在的审美价值虽然体现在给人的直觉感官上，但最终要显示出内在美的社会价值。奥斯特洛夫斯基说："人的美并不在于外貌、衣服和发式，而在于他的本身，在于他的心，要是没有内心美，我们常常会厌恶漂亮的外表。"只求外表的美，是金玉其外，败絮其中。因此，心灵的美是外在美的源泉和动力。一个人要做到心灵美，必须以真为基础，以善为灵魂，使真、善、美相统一。心灵美主要体现在以下几个方面：

1. 品德高尚是心灵美的表现，道德情操的美是心灵美的核心。心灵美首先表现在美好的人生理想和奋斗目标上。一个人有了美好的理想和崇高的奋斗目标，就会表现出百折不挠、勇往直前的精神风貌，显示出人特有的生机活力和人的本质力量的光辉。正如高尔基所说："人像星星一样美丽。"其次，心灵美应充分表现出一个人正直、诚实、谦虚、勤劳、友爱等道德品质。只有当一个人在言行中表现出良好的道德品质时，人们才能感受到他内外统一的高度和谐美，感受到其心灵的美好。

2. 智慧、才能是心灵美的显现，理性美是人区别于其他动物所特有的美。心灵美表现为人的精神思维、智慧才能的美，它主要是指人在认识客观事物及其发展规律的过程中表现出来的思维、智慧和才能的美。恩格斯在《自然辩证法》中对精神思维的美给予了高度的评价："……在地球上最美的花朵——思维着的精神。"[1] 人们用思维去探索规律、发现真理，用智慧才能去战胜困难、解决问题，其中所表现出来的"思维着的精神"和百折不挠的精神就给人们以美感。霍姆林斯基曾经说过："内在精神的美，在理智上受到鼓励并被创作之光所照耀的时刻，使学者、思想家、诗人、发明家的脸部发出智慧的光彩。"

3. 性情美不仅是心灵美的反映，而且能衬托出心灵的美。崇高而细腻的情感，表现在对祖国、人民、家乡、亲人及同志、朋友的爱，这与道德情操相和谐。热情、活泼、开朗往往是对生活充满信心的表现，与对理想的执著相联系；稳重审慎、机智幽默往往是智慧和才能的不同表现。美好的性情应是心灵美的高度和谐，也是心灵美的重要内容。

五、人的气质美

气质是高级神经活动在人的行为上的表现，是对人体美的综合的、高层次的评价。它既包含了一个人形体外貌上的总体印象，也包含了一个人在日常生活中各种习惯的身体动作姿势的联合。可以说，气质是人体行为和心灵的结合体，也是人的精神风貌和内在心灵等方面的外在表现。然而，气质美，似虚非虚，看似无形，实则有形，它同其他人体美的一些因素相比，要复杂得多，深刻得多。人的气质美不是一朝一夕可以学会的，也不是模仿一下他人的肢体动作或改变一下衣着习惯可以得到的。换言之，气质美是装不出来的，它是内在美自然真实的流露。这是因为在气质

---

① 恩格斯：《自然辩证法》，中文版，24 页，北京，人民出版社，1971。

背后掩藏着一个人的思想品格、道德修养、学识才能等实际水平，所以气质美可以使体型美、姿态美、动作美达到更高的境界，使人更具有永久的魅力。因此，只有在加强形体训练，提高体形美、姿态美、动作美的同时，全面提高自己的文化素养、道德修养、美学素养，才能让高雅的气质随着自己崇高的精神世界自然而然地在人体美中表露、散发出来。

第二节
形体美的评价标准

现代美学认为，所谓形体美，主要是由健壮体格、完美体型、优雅姿态这三项指标融会并展现出来的和谐美。体格指标包括人的高度（身高、坐高等）、体重、围度（胸围、腰围、臀围、臂围、腿围、颈围等）、宽度（肩宽、骨盆宽等）、长度（上下肢长度）等。其中，身高主要反映骨骼的生长发育情况；体重主要反映骨骼、肌肉、脂肪等重量的综合情况；胸围则反映胸廓的大小及胸部肌肉的生长发育状况。身高、体重和胸围被列为人体形态变化的三项基本指标。

一、形体美的含义

人类由于民族特点、种族差异、地理环境和审美习惯的不同，对形体美的标准也不同。普列汉诺夫说："绝对的美的标准是不存在的，并且也不可能存在。"

形体美是指人的形体作为审美对象所表现出来的容貌和体型的美。形体美包含两方面的含义：一是作为自然美的范畴，人体在正常状态下的形体结构、生理功能和心理过程的协调、匀称、和谐的统一；二是指形体美作为社会美的范畴，充分显示出人类蓬勃向上的生命活力。总的来说，形体美的标准是五官端正，结构协调，肌肉发达，体魄强健，生机蓬勃，英姿勃发。先天生理条件是形体健美的基础，后天长期、全面、严格的训练以及在一定社会环境中形成的个性、气质等起着重要的作用。

二、形体美的审美特征

1. 形体美是和谐统一的整体。形体美首先要求局部与局部协调和谐，这包括身体的各部分大小、长短、粗细等要合乎正常比例。从古希腊开始，人们就提出了各主要部位的比例以近似于黄金分割比例为最佳。达·芬奇在他的《芬奇论绘画》中，就人的和谐比例作过精辟描述：人的头应是全身高度的七分之一，人肩宽应是身长的四分之一等。中国古代也提出了"立七、坐五、盘三"的人体比例关系。这说明了人的形体应该是美的，形体美应该有一定的规律和标准。

2. 形体美应是均衡匀称的形态。人体在外部形态上都是左右对称的，一般形体匀称的人，身高与体重应该相称，其理想的比例接近黄金分割比例。

3. 形体美应是健、力、美的结合。健康匀称的体魄是人体美的首要条件。只有健康匀称的人体形象，才能表现出生命力的美。秀丽的维纳斯、矫健的掷铁饼者，都是健康匀称的人体形象，是健、力、美的结合，是人体美的典范。健美的形体，要求男性有发达的肌肉和强健的骨骼；女性体型匀称，姿态优美，富于生命韵律的流动曲线。但有些女青年认为柔弱、纤细才是女性的美，就采用节食、勒腰、束胸的办法使自己身体苗条，其实这样做不仅达不到健美的目的，反而会影响身体的发育和健康。

三、形体美的标准

形体美标准在人体美和对人体美的鉴赏中占有重要的地位。长期以来，人们都在设计形体美的标准。古希腊人提出了人体各主要部分黄金分割的比例；文艺复兴时期意大利著名画家达·芬奇提出了绘画中人体各部位的最佳比例关系；中国古代画家作画时也提出过类似的比例数据。近代，国内外专家学者对形体美的评价标准取得了研究成果，将形态美、姿态美和气质美三方面作为形体美的评价标准。

（一）健美形体评分标准

正常人形体健美的标准可以用几个参数来体现。经过多年的研究和在健身房对上万名学员的测定，有关专家初步建立了健康体型评分标准，即胸围、腰围、身高、体重指数（见表 8-1）。

表 8 - 1　　　　　　　　　　　健美体型评分标准

得分 ＼ 指数 ＼ 性别	胸围、腰围指数		身高、体重指数	
	男	女	男	女
优秀	30	26	95	100
良好	20	18	100	105
及格	15	14	105	110
不及格	15 以下	14 以下	90 以下 105 以上	95 以下 110 以上

胸围、腰围指数 = 胸围 - 腰围

身高、体重指数 = 身高 - 体重

例 1：某金融行业职工的胸围为 86 厘米，腰围为 74 厘米，身高为 165 厘米，而体重为 52 公斤，他的体型如何？

答：胸围 - 腰围 = 12（厘米）（胸围、腰围指数），不及格。

身高 - 体重 = 113（身高、体重指数），不及格。

此人体型不合格，应该加强全身特别是上体肌力锻炼，以增加体重和力量，同时要适当注意有氧训练和节制晚餐以减少腰围。

在金融职工中这种体型的男子还是有一定比例的。他们长期坐在办公室，很少从事体力劳动，加之缺少运动，体型逐渐变成中间（躯干）大、四肢细，胸不厚、背不阔的状况，对于这种体型的人，应采取特殊的双管齐下的方法，既要加强全身肌力，特别是上身，如胸、肩、背、臂的训练，又要锻炼腰腹，减少腰围。

例 2：某银行营业部一位女士胸围 85 厘米，腰围为 77 厘米，身高 158 厘米，体重为 65 公斤，她的体型健美吗？

答：胸围 - 腰围 = 8 厘米（胸围、腰围指数），不及格。

身高 - 体重 = 93 厘米（身高、体重指数），不及格。

经过 1 个月的综合循环练习和节制晚餐，该女士进步明显，她的胸围增加了 1 厘米，而腰围却减了 7 厘米，体重也减轻了 4 公斤，经查表计算，她的胸围、腰围指数为 16，身高、体重指数为 97，均达到及格标准，体型也有了根本的变化，她非常满意，表示要"让健美形体训练伴我终生"。

（二）健美人体体围标准

形体美是人体健美的主要内容之一，而形体健美在很大程度上取决于身体各部位体围的尺寸和相互间的比例。

身高——主要反映人体骨骼的发育程度。

体重——是反映人体发育状况的重要整体指标。

胸围——是人体厚度和宽度最有代表性的测量值，扩展胸围与肺活量有关。

腰围——反映一个人的腰背健壮程度和脂肪状况。

上臂围——反映一个人肱三头肌和肱二头肌的发达程度。

大腿围——反映一个人股四头肌及股后肌群的发育状况。

臀围——反映一个人骨盆大小和髋、臀部肌肉的发达程度。

下面将分别介绍韦德健美男学员标准和男子一般健美体围标准。韦德健美学员标准较高，因为他们通常经过 1~3 年的健美训练，已达到初级以上健美运动员的要求（见表 8-2）。

表 8-2　　　　　　　　　　　韦德健美男学员标准

身高 （厘米）	体重 （公斤）	上臂放松围 （厘米）	胸平静围 （厘米）	颈围 （厘米）	腰围 （厘米）	大腿围 （厘米）	小腿围 （厘米）
155	65	39	103	39	71	55	38
160	75	40.5	110	40.5	76	56.5	39.5
165	80	41.5	115	41.5	78.5	58	40
170	85	43	118	42.5	79.5	59.5	40.5
175	90	44.5	121	43	82	62	41.5
180	95	45	124	44.5	83	63.5	42
185	105	45.5	126	45.5	84	65	43

男子一般健美体围标准（见表 8-3）要求较低，特别是身高和体重对应关系偏低，这是考虑到我国目前的国情。当前营养状况一般，所以上述体围标准是一般性的，随着国民经济情况的好转还应制订相应的健美体围标准。关于女子的体围标准，目前胸围、臀围大体相同（见表 8-4），这也是从我国目前女子很少从事肌力训练的现状出发的，今后女子"扩展胸围"的指标还应有所提高。

表 8 - 3　　　　　　　　　　　男子一般健美体围标准

身高 （厘米）	体重 （公斤）	胸围 （厘米）	扩展胸围 （厘米）	上臂围 （厘米）	大腿围 （厘米）	腰围 （厘米）
153～155	50	94	97	32	45	65
156～157	52	94	98	32	49	65
158～160	54	95	99	33	50	66
161～163	56	95	101	33	51	66
164～166	59	98	102	34	52	68
167～169	61	100	103	34	53	69
170～171	63	100	104	35	53	69
172～174	65	102	105	35	54	70
175～177	67	103	107	36	55	71
178～180	70	103	108	36	55	72
181～183	72	104	109	37	56	72

表 8 - 4　　　　　　　　　　女子一般健美体围标准

身高（厘米）	体重（公斤）	扩展胸围（厘米）	臀围（厘米）	腰围（厘米）
152～154	47.5	88	88	58
154～158	48.5	88	88	58
158～161	50	89	89	59
161～163	51.5	89	89	60
164～166	53	90	90	60
166～169	54.5	90	90	61
169～171	56	92	92	61
171～174	58	92	92	62
174～176	60	94	94	64
176～178	62.5	96	96	66

（三）体型的分类标准

人的身体是由头、躯干和四肢构成的，而且各类人种的头、躯干、四肢三者的比例相差不多，但是受地域和遗传的影响，人的体型之间的差异还是很大的。20 世纪德国学者克雷奇摩对体型提出了分类，把人的体型分为肥胖型、瘦长型和运动型三类，其特征如下。

肥胖型：身体肥胖，中等身材，头部呈圆形，颈部粗短，胸廓宽大，腹部发达，腰围大，四肢短小，肤色滋润，肌肉和骨骼软弱，肩窄而躯干粗，头发易落，运动机能较差。

瘦长型：身体各部位较长，但围径、厚度、宽度各指标均小，头小且鼻梁高，胸多扁平，皮色苍白，骨骼和肌肉纤弱，皮下脂肪较差，毛和头发生长良好。

运动型：中等以上身材，肌肉与骨骼隆起，颈长而粗，肩宽，胸部发育良好，下腹扁平，腰部较细，四肢粗大，肤色良好，全身发育匀称。

20世纪40年代，美国威廉·谢尔登根据人的生理胚胎学原则，将人的体型分成内胚层体型、中胚层体型和外胚层体型三种体型，其特征如下。

内胚层体型：它是由内胚层发生而来的消化系统机能所决定的。内胚层成分占绝对优势的个体特征是整个身体的各关节段均呈胖圆状，蓄积了大量的脂肪组织。这类人头大而圆，颈部粗短，胸廓宽阔，腹部隆起并下垂，腰部粗大，臀部丰满，四肢短粗。

中胚层体型：它是由中胚层发生而来的肌肉、骨骼发育程度所决定的。中胚层成分占绝对优势的个体特征是身体各部位的肌肉、骨骼和结缔组织发育良好。这类人身体魁伟结实，肌肉粗壮且轮廓清晰，骨骼和关节粗大，肩部和胸部宽阔，腰腹比肩胸小，具有一定的曲线感。

外胚层体型：它是由外胚层发生而来的皮肤和神经组织状态所决定的。外胚层成分占绝对优势的个体特征是，往往骨头较大，脸面瘦削，下颌尖细，颈部细长，胸薄而狭长，腹平坦甚至下凹，臀部不显眼，四肢瘦长。

其实，内胚层体型、中胚层体型和外胚层体型三种体型的分类方法与肥胖型、瘦长型和运动型的三类分法是基本吻合的。

目前有人提出，有目的地参加各类运动，在运动中可将自己的体型向以下四个方面发展：

1. 力量型和肌肉改进型。这是欧美健美比赛中所崇尚的体型。
2. 体能型。适于参加各种运动的较协调、较灵活的体型。
3. 适应型。根据自己的身体条件，塑造符合自己意愿的理想体型。
4. 姿态型。使体型美与姿态美紧密结合的一种体型。

（四）姿态美标准

1. 站姿。正确、健美的站姿应该是头、颈、躯干和脚的纵轴在一条垂直线上，挺胸、收腹、梗颈，两臂自然下垂，形成一种优美挺拔的体态，人在站立时要做到挺、直、高，这样，人体脊柱的曲线美也就完全表现出来了。

2. 行姿。除保持站立时正确、优美的姿态外，还要做到躯干移动正直、平稳，又不僵硬呆板。两臂自然下垂，摆动协调；膝盖正对前方，脚尖微外侧，行走落地时从脚跟过渡到前脚掌，两脚后跟几乎在一条直线上，两脚交替前移的弯曲程度不要太大，步伐稳健均匀。年轻人不要养成走路时双肩斜、垂头窝胸、胸椎弯曲等不良姿势，长期下去，不但形象难看，还会造成脊柱后凸或侧弯、驼背的畸形，并会影响心肺功能。

3. 坐姿。优美的坐姿与站、行一样，仍然要保持挺胸、收腹。四肢的摆放也要规矩端正，不能摆得太开太大，更不能跷起二郎腿，东倒西歪。养成良好坐姿，对于青少年发展健美的体型和保护视力都有好处，青少年要多坐硬椅子，少坐沙发，对形成正确的坐姿有好处。

4. 卧姿。良好的卧姿对心血管、呼吸系统在安静状态中工作能起到保证作用，并有助于消除肌肉的疲劳。人在实际睡眠中往往翻来覆去地变换姿态。为避免心脏受高压，一般为右侧卧；为避免局部受压发麻甚至出现痉挛的现象，仰卧也是较好的；不要把手放在胸上，以免压迫心脏使睡眠不宁或做噩梦。睡前要注意的事是：晚饭不要吃得太饱，睡前勿喝浓茶，室内空气要流通，睡前要用热水洗脚，不要躺在床上看书。

（五）气质美的标准

聪慧、机智是男女共有的气质美的核心。然而，男女的气质美仍有区别。男性的气质美主要表现出阳刚气概，其特征是刚毅、顽强，善于自制，勇敢沉着，当机立断，胸襟开阔，豁达大度，粗犷豪放，待人诚恳，目光远大，勇于进取。女性的气质美表现为优雅、娴静、温和、柔顺、体贴、细腻、深情、宽容、纯真、善良等特征。

四、形体美的各部位标准

形体美不仅仅反映出人体的外表，也反映出人们的精神面貌。它的基础既不是华丽的衣衫，也不是健康、协调的体型。综合中外美学家对人体形体美的见解，可归纳成以下几条标准：

1. 骨骼发育正常，关节灵活自然，不显粗大凸起，体态丰满而不显肥胖臃肿；此外，匀称是关键。

2. 肌肉均衡发达，皮下脂肪适当。

3. 五官端正，与头部配合协调，眼大有神。

4. 双肩对称，男宽阔，女圆浑，肩部不沉积脂肪，略外展，下沉。

5. 脊柱正位垂直，曲度正常。

6. 男性胸廓隆起厚实，正面和背面看略成 V 字形；女性胸部丰满而不下坠，侧视有明显曲线，微挺胸立背。

7. 腰细而结实，微成圆周柱形，腹部扁平，腰部比胸部略细 1/3；男性有腹肌垒块隐现，直立时，腰部要上立。

8. 臀部圆满适度，略上翘，有弹性。

9. 两腿修长，腿部线条柔和，小腿肌肉突出，跟腱长；正、侧观看有曲线感，体现敏捷活力。

10. 踝细，足弓较高。

对于女性来说，肌肤的美也很重要。肌肤美的标准是红润而有光泽，皮质表面光洁、细腻、柔韧、富有弹性，给人以容光焕发、富有朝气的感觉。

练习思考题

1. 人体美的基本要素有哪些？
2. 关注自己和周围人的体型并对他们作出大致的评价。

本章主要参考文献

［1］田超颖：《商务社交礼仪全书》，北京，地震出版社，2007。
［2］蔡践：《礼仪大全》，北京，当代世界出版社，2007。
［3］单亚萍：《形体艺术训练》，杭州，浙江大学出版社，2004。
［4］杨斌：《形体训练纲论》，北京，北京体育大学出版社，2002。